Manfred Ertel

ORTE DES VERBRECHENS HAMBURG

33 wahre Kriminalfälle und ihre Geschichten

SUTTON

Ein Kunstwerk vor dem Stadthaus
erinnert an dessen blutige Geschichte.

INHALT

Gedenkmarsch in Hamburg im Juli 2018
zur Erinnerung an die NSU-Morde

In der Gedenkstätte Bullenhuser Damm wird an die ermordeten Kinder erinnert.

WENN DER KRIMI ZUM ALLTAG WIRD

TATORT DES WAHREN LEBENS. Die besten Kriminalgeschichten schreibt oft das wahre Leben – und leider auch die grausamsten. Mal gewalttätig und blutig, mal mitleidslos und brutal. Und manchmal auch eher charmant gaunerhaft. Allesamt Geschichten, wie sie Schriftsteller und Autorinnen kaum besser erfinden können. Dennoch oder gerade deshalb wohl sind in kaum einem Land Krimis und Thriller so beliebt wie bei uns. Tausende füllen die Bücherregale, und jedes Jahr kommen viele Hundert neue dazu: regionale und nationale, fiktionale und faktisch fundierte.

An die zehn Millionen Menschen zieht es normalerweise Sonntag für Sonntag an den Fernseher zum »Tatort«. Und manchmal auch mehr. Kaum ein Tag in der Woche, der nicht von einem der Sender zum Krimitag ernannt ist und jedes Mal viele Millionen Menschen vor die Mattscheiben treibt. Der Reiz am Bösen und zugleich am Sieg des Guten, meistens jedenfalls, löst bei uns Zuschauern und Zuschauerinnen offenbar ein ambivalentes Lustgefühl aus. Ein Emotionsmix, der zugleich gruselt und fasziniert. Ob am Grauen im Angesicht des Verbrechens oder an den menschlichen Schwächen derer, die Tätern und Täterinnen auf der Spur sind.

Es gibt nichts, was es nicht gibt. Kommissare und Ermittlerinnen sind schwul und lesbisch, geschieden und alleinerziehend, sexsüchtig und alkoholkrank, autistisch oder Rollstuhlfahrer, einbeinig und blind, einsam und liebesbedürftig. Und wir mögen sie alle. Ob in Nordfriesland oder an der Ostsee, im Spree- oder Schwarzwald, in Münster oder Rostock, in Kroatien oder Lissabon. Wir lieben es, an die Grenzen der Abgründe zu treten, die das Böse darstellen. Und an die Grenzen des Rechtsstaates, denen Ermittler in Romanen und Filmen begegnen. Und nicht immer widerstehen können.

WAHRE FÄLLE UND GESCHICHTEN. Gern gehen wir inzwischen noch einen Schritt weiter. »True Crime« ist das Genre, das sich zunehmenden Interesses erfreut. Und dem auch das vorliegende Buch folgt. Wahre Fälle und ihre Geschichten dahinter – wenn der Krimi zum Alltag wird. Und viel erzählen kann. Von Tätern und Motiven, von gesellschaftlichen Abgründen, aber auch von Anstrengungen der Ermittler, Licht in die dunklen Ecken zu bringen. Und manchmal sogar vom Versagen der Fahnder, das Naheliegende zu erkennen und zu verfolgen.

AM ANFANG STAND EIN MORD. Die Geschichte ist voll von Orten des Verbrechens. Mord ist bereits in der Bibel ein Thema. Das Alte Testament ist reich an Mord und Totschlag. Schon am Anfang stand ein Mord. Kain, Sohn von Adam und Eva, erschlägt zum Beispiel im Ersten Buch Mose seinen Bruder Abel. Sein Motiv: Neid und Missgunst. Im Buch der Richter tötet eine Frau namens Jael einen Feldherrn und Feind des Volkes Israel im Schlaf. Sie »schlug ihm den Zeltpflock durch die Schläfe, sodass er noch in den Boden drang«, heißt es da. Und so geht es weiter und weiter ... Wer an die Bibel glaubt, braucht nicht nur gute Theologen, sondern womöglich auch noch gute Traumaexperten. Das Grauen des Abendkrimis beschert uns höchstens eine unruhige Nacht.

Was Leser und Zuschauerinnen an True Crime fasziniert, bleibt im Kern deren Geheimnis. Oder liegt im Auge der Betrachter. Es ist aber wohl mehr als nur ein Trend. True Crime ist auch so etwas wie der Realitätscheck des Alltages zur Fiktion des Bösen in Roman und Film. Aus der Distanz des Wohnzimmersessels nehmen wir teil an einer Welt, in der Grausamkeiten und Schrecken aus der Kulisse treten. Und Fragen aufwerfen, wie sie der mit nur 23 Jahren verstorbene Literat und Mediziner Georg Büchner schon in »Dantons Tod« gestellt hat: »Was ist das, was in uns hurt, stiehlt und mordet?« Die Antwort darauf mag sich jeder und jede selbst geben.

HERZ UND DUNKLE ABGRÜNDE. Die Geschichte Hamburgs jedenfalls ist reich an Orten des Verbrechens, an kriminellen Schauplätzen. Die viel zitierte »schönste Stadt der Welt« hat ihre dunklen Abgründe, die »Weltstadt mit Herz« zeigt oft genug auch schockierende Seiten. Die wirtschaftliche Drehscheibe Hafen, die Reste des Rotlichtviertels St. Pauli, der Verkehrsknotenpunkt für Nordeuropa, die Subkulturen am Rande der Gesellschaft und, nicht zu vergessen, die häusliche Gewalt – sie sind das Biotop dafür. Und manchmal sogar der Sport. Auch wenn die allgemeine Kriminalität seit Jahren beständig sinkt – es gibt sie doch immer noch, und sie werden kaum weniger: Die Verbrechen, die uns wegen ihrer blutigen Grausamkeit oder des skurrilen Tatherganges fassungslos den Kopf schütteln lassen und am Ende doch faszinieren. Irgendwie.

Dabei haben Verbrechen und Kriminalität ganz unterschiedliche Gesichter. Sie sind ein Spiegel der Gesellschaft. Und gesellschaftlicher Veränderungen. Das vorliegende Buch erzählt die Geschichten des Auftragskillers vom Kiez, des Frauenmörders Honka, der Leichen im Öl- oder im Säurefass oder des sinnlosen Todes eines Kioskbesitzers, der zu seinem Wohnviertel gehörte wie der Michel zu Hamburg. Erzählt wird aber auch von Regierungskriminalität gegen die Pressefreiheit in der SPIEGEL-Affäre, vom Museumsraub des antiken Störtebeker-Schädels, vom Verbrechen an der Menschlichkeit am Beispiel der Kinder vom Bullenhuser Damm oder von der Reemtsma-Entführung. Und, wie der eigentlich harmlose Sprayer »OZ« durch staatliche Verfolgung erst zu Kult und dann zu einem Objekt der Begierde in der Kunst wurde – und zum Opfer. 33 wahre Fälle und Orte des Verbrechens, die berühren und bewegen.

Sexklubs und Bordelle beherrschen St. Pauli in den Achtzigerjahren.

Les Premiers
Cabaret
20-4 h

Rettungseinsatz vor dem Polizeipräsidium nach den tödlichen Schüssen

1

»NUN SCHIESSEN SIE MAL LOS«

Der Auftragskiller von St. Pauli

Wie Werner »Mucki« Pinzner seinen Staatsanwalt erschießt und einen der größten landespolitischen Skandale lostritt.

BRÖTCHEN UND GUTE LAUNE. Es ist die vorläufig letzte Vernehmung, zu der Max van Oosting von der Sonderkommission der Kripo an diesem Morgen wieder einmal das Zimmer 418 im Sicherheitstrakt des Hamburger Polizeipräsidiums betritt. Der Ermittler hat wie so oft belegte Brötchen geholt. Von Kollegen wird er deshalb manchmal schon scherzhaft »Oberkellner« gerufen. Kaffee steht auf dem Tisch. Die Stimmung ist gelockert.

Fünf Auftragsmorde im Rotlichtmilieu von St. Pauli hat Werner »Mucki« Pinzner (39) bereits in allen Details gestanden und noch manches mehr erzählt. Was die Vernehmer lange gar nicht hören wollten. Nun will und soll er endlich vollständig auspacken. Über Auftraggeber, Strukturen der Organisierten Kriminalität auf dem Kiez und weitere Auftragsmorde. Acht »oder zwölf sogar« sollen das gewesen sein, so hat er immer wieder angedeutet. interessiert hat das die Hamburger Ermittler bislang nicht. Zumindest tun sie so. Aus taktischem Kalkül. Jetzt ist es soweit.

Auf Tondokumenten im Hamburger Polizeimuseum sind van Oostings Erinnerungen zu hören, als wäre es erst gestern gewesen[1]. Als er einen vorbereiteten Spickzettel rausholt und die erste Frage stellen will, nimmt »das Unheil dann seinen Lauf«. So schildert er den schicksalhaften Tag. Im Museum fühlen sich die Zuhörer fast dabei. Der leitende Ermittler, Staatsanwalt Wolfgang Bistry (40), kommt van Oosting zuvor und ergreift das Wort. »Nun schießen sie mal los«, sagt er aufgeräumt zu Pinzner. Dass der das wörtlich nehmen könnte, kommt niemandem in den Sinn.

GEISELNAHME IM VERNEHMUNGSBÜRO. Statt zu antworten steht Pinzner auf. Er hat »diesen Revolver in der Hand«, erinnert sich van Oosting. Von Geiselnahme ist die Rede, die Überraschung ist riesig. Die Hektik auch. »Ihr geht raus«, fordert Pinzner. Nur wer gemeint ist, bleibt unklar. Als sich der Ermittler van Oosting angesprochen fühlt, wird Pinzner hektisch: »Du setzt dich wieder hin«, befiehlt er ihm.

Die Tondokumente im Museum erzählen, wie es weitergeht. »Ich sitze gerade wieder, sitze auf meinen vier Buchstaben, und in dem Moment schießt er schon«, erzählt van Oosting. Drei Menschen sind danach tot. Pinzner jagt Staatsanwalt Bistry zwei Kugeln in Kopf und Bauch, danach erschießt er zunächst seine ebenfalls anwesende Frau Jutta (39), und am Ende sich selbst. Der Killer hat erreicht, wovon er im Drogenrausch schon mehrfach fantasiert hatte: den »Exitus Triumphalis«. Und Hamburg hat einen seiner größten Politskandale: Der 29. Juli 1986 geht in die Kriminalgeschichte des Stadtstaates ein als eines der schlimmsten Versagen der

Im Polizeimuseum ist die Festnahme Pinzners im April 1986 dokumentiert.

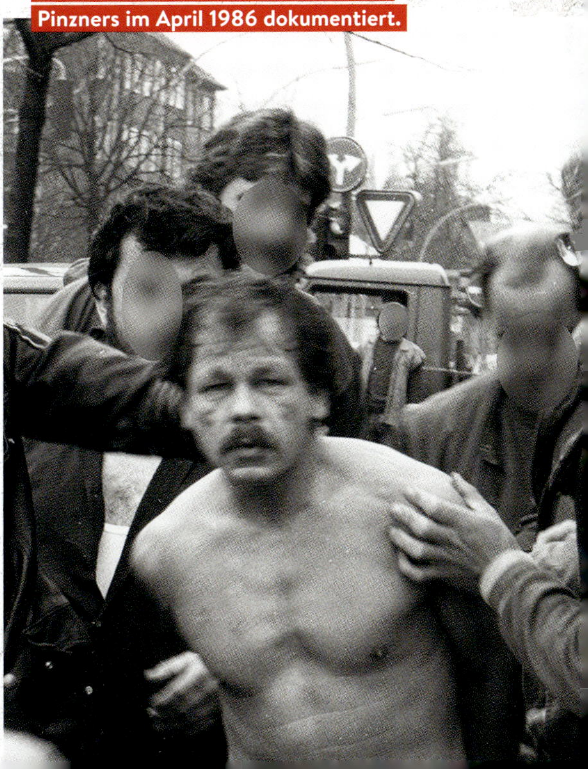

Hamburger Politik und Verwaltung. Die SPD-Senatoren für Inneres und Justiz müssen zurücktreten.

MANN FÜR SCHMUTZIGE GESCHÄFTE. Werner Pinzner, genannt »Mucki«, ist in den Achtzigerjahren ein wichtiger Teil im hart umkämpften Hamburger Rotlichtmilieu rund um Reeperbahn und Hans-Albers-Platz, aber kein einflussreicher. Er wird für die schmutzigen Geschäfte gebraucht. Wenn es ohne Blutvergießen nicht abgeht. Pinzner wird am 27. April 1947 im Stadtteil Bramfeld geboren, bricht die Schule ab, arbeitet als Seemann, Gerüstbauer, Schlachter, Fliesenleger. Als alles Mögliche. 1975 raubt er mit zwei Komplizen einen Supermarkt aus, zurück bleibt die Leiche des Leiters. Pinzner muss für zehn Jahre in den Knast, dort findet er keinen Weg zu Einsicht und Reue, sondern nur zu Drogen. Er träumt von einer Karriere im Milieu. Notfalls mit Gewalt[2].

Seinen ersten Mord begeht er als Freigänger. Nach neun Jahren wird er in den Offenen Vollzug verlegt. Während eines Ausganges erschießt er am 7. Juli 1984 den Ex-Bordellbesitzer und Drogenhändler Jehuda Arzi in Kiel. Er handelt im Auftrag. Die Waffe, einen Revolver vom Typ »Arminius Kaliber 38«, hat er sich im Knast besorgt. Er bewahrt sie in einem Schließfach auf, das Freigängern als amtlich geduldeter Vertrauensbeweis zusteht und von den Vollzugsbeamten nicht kontrolliert wird. Später werden Ermittler den Revolver als dieselbe Tatwaffe für mindestens vier weitere Morde ausmachen. Für einen professionellen Auftragskiller ist das eher ungewöhnlich. Die Sonderkommission 855 übernimmt.

KONTAKTE IM KNAST. Schon im Gefängnis knüpft Pinzner über Mitgefangene erste St.-Pauli-Kontakte. Einer soll der Zuhälter »Chinesen-Fritz« Schröer sein, der später auf dem Kiez Partner des einflussreichen »Wiener-Peter« ist[3]. In der berüchtigten »Ritze«, einer Hinterhofkneipe mit Boxring im Keller, in dem neben Zuhältern später auch Boxlegenden wie Henry Maske oder die Klitschko-Brüder für ihre beginnenden Boxkarrieren trainiert haben, wird »Chinesen-Fritz« 1981 von Konkurrenten vom Barhocker geschossen. Neben ihm sitzt ungerührt sein österreichischer Partner. Wer der Täter ist, wird nie eindeutig geklärt.

Mitte der Achtziger ist »Mucki« Pinzner wegen seiner Rücksichtslosigkeit eine kleine, aber feste Größe auf dem Kiez. »Wiener-Peter« ist jetzt sein Patron und Auftraggeber. Der Österreicher heißt bürgerlich Peter Nusser und herrscht in mehreren Großbordellen wie im »Palais d'Amour« an der Reeperbahn. Er ist eine große Nummer auf St. Pauli. Wenn ihm etwas nicht passt, haben die anderen ein Problem.

Pinzners Opfer bei seinem zweiten Auftragsmord am 13. September 1984 ist »Bayern-Peter« Pfeilmaier. Der Teilhaber eines Großbordells im Hamburger Osten steht »Wiener Peter« im Weg. Wiederum zwei Monate später stirbt Dieter »Lackschuh« Traub durch Pinzners Schüsse. Er ist an der Seite von »Wiener-Peter« Mitbetreiber im »Palais d'Amour« und wegen seines Drogenkonsums zur Belastung geworden.

WARNUNG MIT FÄUSTEN. Waldemar Dammer, im Milieu gern »Neger-Waldi« gerufen, ist ein anderer Konkurrent des Österreichers. Dammer lässt den Wiener kurz vor Ostern 1985 von zwei Schlägern brutal zusammenschlagen. So etwas wird auf dem Kiez in diesen Zeiten gern »Warnung« genannt. Im Machtkampf um die Herrschaft im Milieu kann so eine Demütigung aber

↑ Das ehemalige Polizeipräsidium
↗ Pinzners Tatwaffe im Polizeimuseum
→ Tatort mit Einschusslöchern

nicht ohne Folgen bleiben, will man den Führungsanspruch zu seinen Gunsten entscheiden. »Wiener-Peter« zahlt Pinzner 60 000 Mark, um Dammer und seinen beiden Schlägern einen Denkzettel zu verpassen. Der ist tödlich. Am Ostermontag erschießt »Mucki« Pinzner Dammer und seinen Wirtschafter in dessen Privathaus. Die beiden Schläger verschont er.

Pinzner ist skrupellos und geht ohne jede Empathie vor. Besondere Vorsichtsmaßnahmen? »Da habe ich mir keine Gedanken drüber gemacht«, sagt er später im Verhör[4]. Eine spezielle Strategie? »Da darfst du nicht lange überlegen, ich wollte das Schießen erledigt haben.« Seine Aussagen auf den Tonbandmitschnitten des Museums klingen genauso kalt und gefühllos, wie es seine Taten sind. »Reue, Gewissen? Nee ...«, sagt Rolf Bauer, einer der Ermittler, in einer Fernsehdokumentation für ZDF Info[5]. Ein Staatsanwalt nennt Pinzner vor der ZDF-Kamera einen »Handwerker des Todes«.

WAFFE AUF DEM SOFA. Offenbar mit Hilfe von Tipps aus dem St.-Pauli-Umfeld verhaftet ein Mobiles Einsatzkommando Pinzner und seinen Auftraggeber »Wiener-Peter« am 15. April 1986 – eigentlich nur wegen dringenden Verdachtes im Mordfall Nummer zwei. Aber auf dem privaten Sofa finden sie die geladene Mordwaffe. Die weist den Weg zu den anderen Tötungsdelikten.

Mit Hilfe seiner Rechtsanwältin handelt Pinzner schnell eine Art Gegengeschäft aus: Informationen über die Hintermänner der Zuhälterkartelle und über andere Morde gegen Zugeständnisse in der Untersuchungshaft, zum Beispiel regelmäßige Besuche seiner Frau und seiner Anwältin. Dann packt er aus. Während der Vernehmungen entsteht so ein »gewisses Vertrauensverhältnis« zwischen Ermittlern und Angeklagtem, das werden die Vernehmungen später zeigen. Eine besondere Art von gegenseitigem Respekt. Als Mittel zum Zweck. So glauben wohl beide Seiten.

Die Ermittler befürchten einen Racheakt an Pinzner. Ein Kopfgeld von 300 000 Mark aus dem Kiezmilieu soll ihn angeblich zum Schweigen bringen, bevor er auspackt. Klären lässt sich diese Annahme nie ganz eindeutig, aber im Untersuchungsgefängnis wird der Kronzeuge weder beim Hofgang noch beim Duschen aus den Augen gelassen. Ausgerechnet in ihrem eigenen Haus sind die Ermittler dagegen nachlässig.

VERTRAUEN STATT KONTROLLE. Der 29. Juli ist ein Sommertag, der heiß zu werden verspricht, mit bis zu 30 Grad, als Jutta Pinzner und die Anwältin um kurz nach neun Uhr am Polizeipräsidium am Berliner Tor eintreffen. Pinzner hat die Anwesenheit seiner Frau bei der Vernehmung zur Bedingung gemacht, die Strafprozessordnung lässt das zu. Die Frauen warten im Besucherzimmer am Eingang zum Sicherheitstrakt, als Staatsanwalt Bistry eintrifft und die beiden persönlich durch die Kontrollen in den Sicherheitstrakt schleust – ohne Durchsuchung. Man kennt sich schließlich. Und vertraut sich.

Dass Jutta Pinzner in ihrem Slip, eingewickelt in ein Geschirrtuch, eine Waffe versteckt, die ihr die Rechtsanwältin besorgt hat, dass sie zwölf Patronen in einen Wollstrumpf gewickelt in der Handtasche gebunkert hat – für den Staatsanwalt offenbar unvorstellbar. Auf der Toilette im Sicherheitstrakt packt Jutta Pinzner den Revolver um in ihre Handtasche, um ihrem Mann später den Zugriff zu erleichtern.

WIDERSPRÜCHLICHE GEFÜHLE. So groß das Vertrauen des Staatsanwaltes an diesem Tag ist, so widersprüchlich ist die Gefühlslage bei Ermittler Max van Oosting, bevor er Pinzner zum letzten Mal aus dem Untersuchungsgefängnis abholt. Die Fakten lassen eigentlich nichts Schlimmes befürchten, so bestätigt er es später auf Band: »So weit hat die Fantasie bei keinem der Beteiligten gereicht«[6]. Seine Gefühlslage signalisiert ihm aber was völlig anderes: »Irgendwas ist im Busch«, er spürt das Unheil förmlich. »Pinzner selbst war für uns nicht die potenzielle Gefahr«, sagt er. Aber eine unbestimmte Eingebung sagt ihm: »Der Rechtsanwältin kann man nicht so richtig trauen.«

DER GROSSE ABGANG. Noch aus dem Auto auf dem Weg zum Untersuchungsgefängnis, wo er Pinzner zur letzten Vernehmung abholen will, ruft er seine Dienstelle an. Später nennt er den Anruf »mein wichtigstes Telefonat, das ich bisher in meinem Leben geführt habe«. Van Oosting verlangt, die Rechtsanwältin und die Ehefrau nicht einzulassen, bevor er selbst mit Pinzner da ist »und sozusagen Ruhe eingekehrt ist«. Zu spät. Der Staatsanwalt war schneller. Und van Oostings Gefühl sollte Recht bekommen.

Noch im Vernehmungszimmer, die tödlichen Schüsse sind gerade gefallen, sagt er zu der Rechtsanwältin: »Da habt Ihr uns ja schön gelinkt.« Später wird von einem einmaligen Vorgang die Rede sein, indem sie das Anwaltsvertrauen derartig missbrauchte. Denn der »große Abgang« ist von langer Hand vorbereitet, mit ihrer Hilfe und der von Pinzners Frau. »Die Gamaskry ist hier«, schreibt Jutta Pinzner zum Beispiel kurz vor der Tat ihrem Mann heimlich in die Zelle – nur lesen tut das niemand. Man vertraut sich ja. »Gamaskry« steht im Kiezjargon für Schusswaffe. Bevor sich Jutta Pinzner vor ihren Mann kniet

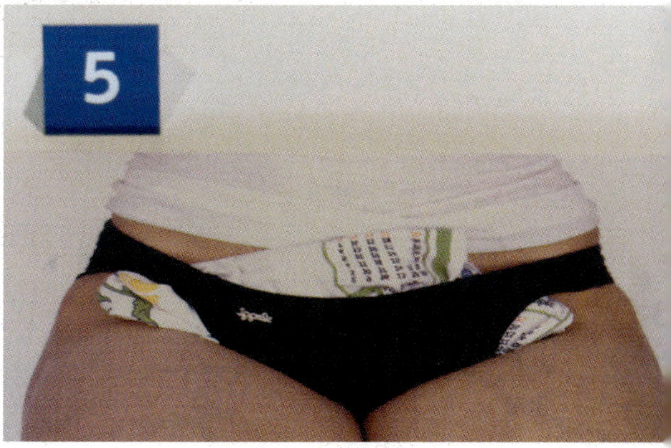

↑ Tatortfoto aus den Akten des Polizeimuseums
↗ Das Polizeimuseum zeigt Pinzners Waffen …
→ … und wie die Pistole ins Präsidium kam.

und er ihr die Schusswaffe in den Mund steckt und abdrückt, telefonieren beide noch mit Pinzners Tochter. »Was jetzt geschieht, haben wir so gewollt«, sagt sie[7].

RÜCKKEHR DES WIENERS. Die Anwältin wird 1991 vom Hamburger Landgericht wegen Beihilfe zum Mord und anderer Delikte zu einer Freiheitsstrafe von sechseinhalb Jahren verurteilt. Sie verliert für fünf Jahre ihre Anwaltszulassung. Ein etwas milderes Urteil wird vorher vom Bundesgerichtshof wegen Verfahrensfehlern aufgehoben. Ihr Name darf nicht öffentlich genannt werden. Pinzners Auftraggeber »Wiener Peter« wird kurz nach der Bluttat verhaftet und zu lebenslanger Freiheitsstrafe verurteilt. Nach knapp 14 Jahren kommt er vorzeitig frei und wird nach Österreich ausgewiesen. Anfang April 2022 wird Peter Nusser überraschend auf dem Frankfurter Flughafen festgenommen. Auf dem Rückweg von der Dominikanischen Republik nach Wien ist er dort zwischengelandet[8]. »Durch die Wiedereinreise nach Deutschland muss der Österreicher nun seine Restfreiheitsstrafe ableisten«, sagt die Bundespolizei. In Deutschland.

1) Ständige Ausstellung Polizeimuseum Hamburg;
2) NDR v. 15.4.2021: »Werner Pinzner: Der Killer von St. Pauli«;
3) NDR vom 15.4.2021: »Als die Killer auf den Kiez kamen«;
4) Audioaufnahmen Polizeimuseum Hamburg;
5) ZDF Info, »Mord ohne Gewissen: Der St.-Pauli-Killer«;
6) Polizeimuseum ebenda;
7) DIE WELT vom 28.7.2016;
8) Hamburger Abendblatt vom 6.4.2022

2

FOLTER IM KELLERLOCH

Der Säurefassmörder

Unter dem Garten eines bürgerlichen Reihenhauses
lauert für drei Frauen das Grauen.

Versteckt im Keller eines Reihenhauses liegt der Eingang in den Folterbunker.

FREILASSUNG VOR DEM POLIZEIREVIER. Die Aussagen der Frau hören sich etwas wirr an. Sie wirkt zwar äußerlich einigermaßen gelassen, ist aber offenbar schwer traumatisiert, als sie sich in eine Polizeistation im Hamburger Stadtteil Langenhorn im Norden der Stadt flüchtet. Und anschließend ins Polizeipräsidium gebracht wird[1].

Die 53-Jährige erzählt von einer Verschleppung mit Hilfe eines Elektroschockgeräts, vom Aufenthalt in einem unterirdischen Bunker. Und von grausamen Folterfotos anderer Frauen, die ihr gezeigt wurden. Sie beschreibt einen Mann, der dafür verantwortlich sein soll. Und der sie vor der Wache überraschend freigelassen hat. Am 17. September 1991 wird der festgenommen. Es ist der bis dahin unbescholtene Kürschner Lutz Reinstrom. Acht Monate später wird der damals 43-Jährige zu drei Jahren Freiheitsstrafe verurteilt.

Polizisten graben nach Spuren der ermordeten Frauen.

NETTER NACHBAR VON NEBENAN. Das Landgericht hält räuberische Erpressung und Menschenraub für erwiesen. Mehr nicht. Immer wieder erzählt die 53-jährige Frau zwar auch vor Gericht von ihren anderen grausamen Erfahrungen. Vor allem von den Fotos mit misshandelten und gequälten Frauen. Aber weder die Ermittler noch die Richter mögen ihr glauben. Für sie ist der Angeklagte ansonsten ein unbescholtener Ehemann und Vater, der vor der Tat als höflich und zuvorkommend galt. Unauffällig, einfach ein netter Nachbar von nebenan. Im Vergleich dazu hören sich die Erzählungen und Vorwürfe des Opfers für sie bei aller Empathie offenbar einfach nur unglaublich und widersprüchlich an. Die Frau wird, mehr oder weniger deutlich, als Spinnerin abgetan.

Einzig eine Kriminalhauptkommissarin wird hellhörig. Marianne Atzeroth-Freier, zu dem Zeitpunkt 48 Jahre alt, ist eine Art Quereinsteigerin bei der Mordkommission und womöglich noch nicht so abgestumpft wie andere Kollegen. Sie ist erst kurz dabei, eigens geschult für Entführungsfälle. Sie fährt das Opfer in der Nacht nach Hause und hört der Frau zu[2]. Den Geschichten von ihrem unterirdischen Betonverlies mit Stahlbett und Campingklo, von grausamen Fotos anderer gequälter Frauen, von Geldforderungen und absurden Einlassungen ihres Entführers. Die Ermittlerin glaubt der traumatisierten Frau, nimmt sie zumindest ernst. Im Prozess gegen Reinstrom tritt sie als Zeugin auf, als eine Zuhörerin auf sie aufmerksam wird. Es ist die Mutter einer 31-jährigen Industriekauffrau, die zu diesem Zeitpunkt schon seit fast vier Jahren in Hamburg spurlos verschwunden ist. Die Vermisste kannte den angeklagten Entführer unter anderem aus dem Schwimmverein. Ihre Mutter glaubt Parallelen zu erkennen.

Im Garten des Reihenhauses wird ein vergrabenes Säurefass geborgen.

ERMITTLUNGEN IM ALLEINGANG. Einige wenige und anfangs eher vage Indizien lassen bei der Kripofrau einen Verdacht wachsen. Aber in der Mordkommission findet sie kein Gehör. Frauen haben es in dem Männerverein damals noch schwer, wenn es überhaupt welche als Ermittlerinnen gibt. Sie wird von Kollegen und Vorgesetzten geradezu abgewimmelt und im Stich gelassen, manchmal sogar veräppelt. Sie ermittelt von dem Moment an praktisch auf eigene Faust, meist privat und an Wochenenden. Ihre Ergebnisse sind grausam und führen am Ende zu einem der sadistischsten Verbrechen überhaupt.

Im Garten von Reinstroms Reihenhaus im Dompfaffenweg im gutbürgerlichen Stadtteil Rahlstedt entdecken Ermittler schließlich ein zwei Meter tief vergrabenes Fass. In einer Salzsäurelauge schwimmen die Überreste einer weiblichen Leiche. Es ist die Ehefrau eines Hamburger Pelzhändlers, der Ausbilder des gelernten Kürschners Reinstrom war[3]. Die 61-Jährige wurde im März 1986 verschleppt, mit Schraubzwingen misshandelt, sexuell missbraucht und erhängt, so ergeben später die Ermittlungen. Anschließend wurde die Leiche zerstückelt und in die Säure getaucht. Im Garten von Reinstroms Ferienhaus in Basedow kurz vor der innerdeutschen Grenze bei Lauenburg finden die Ermittler ein zweites Fass mit Salzsäure vergraben. Die wenigen Knochenteile werden später von Forensikern der 31-jährigen Annegret B. zugeordnet. Ihre Mutter hatte die Kriminalistin auf die Spur gebracht. Die Kauffrau wird von ihrem Peiniger Anfang Oktober 1988 entführt. Er räumt ihre Bankkonten leer, foltert und missbraucht sie. Und macht Fotos von den Peinigungen seines Opfers.

VERSTECKTE HILFERUFE PER BRIEF. In beiden Fällen lässt der Entführer die Frauen Briefe schreiben, in denen sie ihr Verschwinden als angeblich freiwillig erklären. Handschriftlich, aber unter Zwang teilen sie mit, ein neues Leben beginnen zu wollen, Abstand zu suchen, ohne ihre männlichen Partner. Postkarten und Schreiben an die Hinterbliebenen sind im Ausland aufgegeben und abgestempelt. Die letzten Grüße erhält der Ehemann des ersten Opfers, da ist seine Frau schon zehn Wochen tot, finden die Ermittler später heraus.

Reinstroms drittes Opfer hat Glück im Unglück. Ihr Entführer lässt sie nur frei, weil seine Frau früher als erwartet von einem Urlaub in das gemeinsame Reihenhaus zurückkommt. Er droht aufzufliegen, gerät in Panik, setzt sein Opfer sogar persönlich beim Polizeirevier in Langenhorn ab. In der Hoffnung, noch einmal davonzukommen.

EINE KOMMISSARIN BEHAUPTET SICH. Dass es nicht so kommt, ist der Hartnäckigkeit der Kriminalbeamtin Atzeroth-Freier zu verdanken. Viel belächelt im LKA, lässt sie nicht locker. Selbst dann nicht, als ein Kripokollege, der den Täter aus dem Schwimmverein gut kennt, sich von dem täuschen lässt und für die Einstellung des Verfahrens sorgt[4]. Die Kripofrau schafft es, dass eine Sonderkommission gebildet wird. Die findet heraus, dass Reinstrom das Auto eines der Opfer verkauft hat. Es ist ein erster durchschlagender Beweis.

Auch die Skeptiker bei der Kripo können diesen nicht länger beiseitewischen. Die Beamtin erwirkt nach langen Mühen und Wartereien endlich einen Beschluss zur Hausdurchsuchung. Sie entdecken im Keller seines Hauses den versteckten Zugang zu einem unterirdischen Verlies, das nur kriechend durch eine schmale Luke erreicht werden kann[5]. Die Wände sind aus 80 Zentimeter dickem Beton, die Tür ist schallisoliert. Der Verdächtige bezeichnet das Kellerloch mal als Atombunker, mal als Trockenraum für seine Pelze. Nach und nach fördern die Ermittler nun endlich das ganze Ausmaß seiner sadistischen Taten zutage. Und zugleich auch die eigenen Versäumnisse und Nachlässigkeiten bei der Kripo.

SEELISCHE ABARTIGKEIT. Die Beweise sind am Ende erdrückend, aber Reinstrom bestreitet jede Schuld am Tod der Frauen. Er spricht von Unfällen seiner Opfer, von unglücklichen Umständen. Die Fakten sprechen eine andere Sprache. Gutachter attestieren ihm eine »sadomasochistische Fehlentwicklung« und »schwere seelische Abartigkeit«. Am 22. Mai 1996 verurteilt ihn das Hamburger Schwurgericht wegen besonderer Schwere der Schuld zu lebenslanger Freiheitsstrafe mit anschließender Sicherheitsverwahrung.

ENDE EINER DIENSTZEIT. Noch vor dem Urteil lässt sich die Kripobeamtin aus der Mordkommission versetzen – Ende ihrer Dienstzeit. Zu schwer wiegen für sie offenbar die mangelhafte Unterstützung der Kollegen und Vorgesetzten[6]. Zu offenkundig waren

In einem unterirdischen Bunker erleiden die Frauen Höllenqualen.

manche Spuren, die nicht die nötige Aufmerksamkeit fanden. So sendete eines der Opfer in zwei ihrer schriftlichen Grußbotschaften versteckte Hilferufe, die aufmerksame Fahnder vielleicht hätten entschlüsseln können – wenn sie die Fälle denn ernster genommen hätten. In einer Weihnachtskarte 1988 schrieb die 31-Jährige zum Beispiel in Todesangst: »Ich liebe dich und wünsche dir gesund**h**e**i**t**l**ich **f**ürs neue Jahr alles Gute« – mit vier fett geschriebenen Buchstaben. Die deutlich markierten Buchstaben ergaben die Botschaft: »hilf«.

Im Sommer 2021 beginnen Dreharbeiten für eine Krimiserie im Auftrag einer Streaming-Plattform. Die Hauptrolle des »Säurefassmörders« spielt Filmpreisträger Oliver Masucci.

---

1) NDR vom 1.12.2017: »Als die Säurefass-Morde Hamburg erschütterten«;

2) shz.de vom 13. Februar 2012;

3) NDR Geschichte vom 1. Dezember 2017;

4) DIE ZEIT vom 8. Mai 2008;

5) ebenda;

6) Stern Crime vom 6.12.2020

Regisseur Christian Alvart (M.)
stellt 2012 den NDR-Film über die »Banklady« vor.

3

»WÜRDEN SIE BITTE ALLES GELD EINPACKEN«

Die Banklady

Wie die erste weibliche Bankräuberin in Serie Geldinstitute überfällt und Schlagzeilen die Fantasien beflügeln.

ENDE IM KUGELHAGEL. Sie ist noch jung und verheiratet, als sie ihren spätere Liebhaber und Komplizen trifft. Und mit ihm auf Diebestour geht. Gemeinsam rauben sie Banken aus, überfallen Tankstellen, plündern Lebensmittelgeschäfte. Und sind nicht zu fassen. Leichen pflastern ihren Fluchtweg. 14 Morde gehen auf ihr Konto, vor allem an Polizisten. Bis sie dann doch in eine Falle tappen und im Kugelhagel der Polizei sterben. Bonnie und Clyde, das legendäre Gaunerduo aus Texas, erreichen fast Kultstatus. Ein Kinofilm über ihr Leben wird zum Blockbuster, Bücher und Geschichten romantisieren die Beziehung des Gangsterpärchens, als wäre alles nur ein Spiel gewesen. Drei Monate nach dem blutigen Ende der amerikanischen Ganoven kommt am 18. August 1934 in Altona Gisela Werler als älteste von drei Töchtern eines einfachen Bauschlossers zur Welt. Und niemand kann ahnen, dass sie gut 30 Jahre später ähnlich Geschichte schreiben wird wie Bonnie mit Clyde. Am 29. Juli 1965 überfällt sie eine Filiale der Hamburger Volksbank im Stadtteil Eidelstedt und erbeutet 3100 Mark. Der Raub ist der Grundstein für ihre Verbrecherkarriere als »Banklady«, die bundesweit für Schlagzeilen sorgt. Insgesamt 19 Überfälle gehen von 1965 bis 1967 auf ihr Konto. Dazu mindestens 400 000 Mark Beute. Zweieinhalb Jahre lang ist sie nicht zu fassen – Parallelen zu Bonnie und Clyde liegen geradezu auf der Hand. Der Kugelhagel bleibt ihr allerdings erspart.

VON DER PACKERIN ZUR GANGSTERBRAUT. Der Weg in die Kriminalität ist für Gisela Werler alles andere als vorgezeichnet. Sie wächst in Altona in einfachen, aber redlichen Verhältnissen auf, muss nach dem Abschluss der Volksschule früh zum Unterhalt ihrer Eltern und Geschwister beitragen. Noch mit 31 wohnt sie bei ihren Eltern, sie arbeitet als Packerin in einer Tapetenfabrik: fleißig, unauffällig und zurückhaltend. Kurze schwarze Haare, unscheinbar, ein stilles Wasser, sagen später Kollegen. Über einen Freund, der schon kriminelle Erfahrungen hat, lernt sie Hermann Wittorf kennen. »In diesem Augenblick wusste ich, dass ich meinem Schicksal nicht ausweichen konnte«, schreibt sie ihm später in einem Brief, redet von Liebe auf den ersten Blick[1].

Der Taxifahrer hat zu dem Zeitpunkt bereits eine Vita als Verbrecher. Sie verfällt ihm, in jeder Beziehung. »Ich hätte für diesen Mann alles getan«, zitiert eine umfangreiche ARD-Doku aus einem ihrer Briefe. Bei ihrem ersten Banküberfall wartet Wittorf vor der Tür im Fluchtauto. Der Coup ist so etwas wie Mutprobe und Feuertaufe, berichtet der Deutschlandfunk. Und der Anfang ihrer neuen Rolle. Von der Beute kauft sie sich Klamotten und eine Perücke. Zwei Monatsgehälter gehen für den neuen Haarschmuck drauf. »Das musste geopfert werden«, erzählt ihr Komplize in der TV-Dokumentation.

BANKRAUB MIT KOPFTUCH. Oft tritt sie nun blond, mit Kopftuch und großer Sonnenbrille auf. In die Annalen geht sie als erste Bankräuberin der Republik ein. Und dazu mit Stil. Höflich und reserviert tritt sie vor die Banktresen. »Würden Sie bitte alles Geld einpacken?«[2] Die freundliche Aufforderung macht sie berühmt. Eine Maschinenpistole verleiht der Bitte zwar den entsprechenden Nachdruck. Aber es kommt nicht zu Gewalt. Aus der profanen Gangsterbraut wird eine Lady: die »Banklady«.

Es ist die Zeit, als Überfälle auf Banken und Sparkassen geradezu boomen. Die Sicherheitsmaßnahmen sind noch unzureichend, zentrale Alarmsysteme gibt es meist nicht. Benachbarte Polizeiposten verfügen oft nicht mal über einen Dienstwagen. Hunderte von

Überfällen auf Geldinstitute verzeichnen die Polizeistatistiken Mitte der Sechziger. Als Täter werden allerdings ausnahmslos Männer ermittelt. Oder zumindest verdächtigt. Männer aus allen Berufsgruppen und Milieus. Aber Frauen? Niemand von den Ermittlern will anfangs daran glauben. Frauen gehören an den Herd, müssen vor allem eins: heiraten. In ihren »Hausfrauenehen« haben sie ihren Gatten allzeit sexuell verfügbar zu sein, einen Beruf ausüben dürfen sie nicht ohne Erlaubnis des »Haushaltsvorstandes«, so heißt es offiziell. Wie also sollen die kriminell sein können?

KEINE FISIMATENTEN. Bei Gisela Werler ist alles anders. Meistens freitags fahren sie und ihr Geliebter vor kleinen Bankfilialen vor, oft im Hamburger Umland. Und bei solchen ohne Alarmsysteme. »Keine Fisimatenten, raus und weg«, das ist ihre Strategie, erzählt später der Mann an ihrer Seite. Mit vorgehaltenem Revolver, einer ausgebohrten Gaspistole für 9-mm-Geschosse, betritt sie die Bank. »Gisela hat gleich den Hahn gespannt, knack, da wussten sie, diese Frau ist gefährlich«, erzählt ihr Komplize. Die Ermittler erinnern sich später auch an ihre andere Seite. Die ist »ganz elegant und vornehm«, von »ausgesuchter Höflichkeit«. Sie sagt bei ihren Beutezügen »bitte« und »danke«.

Die beiden benutzen bei ihren Überfällen gern gestohlene VW Käfer. Die sind zuverlässig und besonders leicht zu knacken. Fast schon zynisch klingt vor diesem Hintergrund eine VW-Werbung aus diesen Tagen, die in der Fernsehdokumentation in Erinnerung gerufen wird: »Der Käfer, dein Freund und Helfer«. Den Wagen lassen sie auf ihrer Flucht irgendwo stehen und steigen um in Wittorfs Taxe. Danach feiern sie gern bei einem Gläschen Sekt, bei Gisela zuhause oder irgendwo auf St. Pauli.

RATLOS AUF DER REEPERBAHN. Die Polizei ist überrascht. Und ratlos. Auf Fahndungsplakaten sucht sie nach einer »Frau mit blonder Perücke und Sonnenbrille«. Zivilfahnder streifen durch Kneipen und Rotlichtetablissements auf der Reeperbahn, wo Zeugen sie gesehen haben wollen. In den Medien wird die »Banklady« zur Sensation. Von »Bankraub in Stöckelschuhen« ist die Rede, von einem »Revolvermädchen« oder »Fräulein Bankräuber«. Der frühe Boulevard hat seine Schlagzeilen. Mit Werlers Alltag haben die nichts zu tun. Da ist sie wieder die leise und schüchterne Arbeiterin, das Mauerblümchen, das um nichts in der Welt auffällt. Und ihren Eltern finanziell unter die Arme greift.

ENDSTATION KALKBERG. Gefasst wird sie am 15. Dezember 1967 in Bad Segeberg. Dort will sie den großen Coup landen. Einen letzten Beutezug mit ihrem Kumpan, 100 000 Mark aus der örtlichen Kreissparkasse rauben. Die beiden ahnen nicht, dass die seit kurzem über einen Alarmknopf verfügt. Es ist die Reaktion auf einen früheren Überfall der Banklady in der Kalkberg-Stadt.

Die Bankangestellten nehmen die beiden trotz ihrer Waffen nicht richtig ernst, sie widersetzen sich, einer alarmiert über den Warnknopf die Polizei. Eine Mitarbeiterin wirft ein brennendes Adventsgesteck nach den Tätern, die flüchten. Vier Angestellte nehmen die Verfolgung der Bankräuber auf. Sie werden von Werlers Komplizen mit MP-Salven angeschossen. Eine Verkehrsstaffel ist zufällig in der Nähe und greift ein. Als die Polizisten die Flüchtigen stoppen und festnehmen, haben sie keine Ahnung, wer die Frau ist, die sich im Fußraum zwischen Vorder- und Rücksitz zu verbergen sucht. »Bis dahin wussten wir immer noch nicht, wer diese Person eigentlich ist«, sagt viel später einer der Beteiligten[3].

DER PROZESS – EIN MEDIENSPEKTAKEL. Die Verkündung des Gerichtsurteils Anfang 1969 wird zum Medienspektakel. Die Deutsche Wochenschau nennt sie »die erfolgreichste Bankräuberin aller Zeiten« und bejubelt sie als »Star«. Das Urteil selbst zeichnet dann wieder das klassische Rollenbild. Das Weibchen wird zu neuneinhalb Jahren Zuchthaus verurteilt, vier Jahre weniger als ihr männlicher Komplize. Sie war sich der Schwere ihrer Taten nicht bewusst, glaubt das Gericht. Es folgt der Angeklagten oder fällt auf sie herein, wie Kritiker meinen. Die immer wieder beteuert, sie habe nur aus Liebe gehandelt – was auch sonst. »Ich ahnte nicht, dass es mein Untergang werden würde«, schreibt sie in einem Brief.

DIE BANKLADY WIRD VERFILMT. Werler wird 1974 vorzeitig wegen guter Führung entlassen und wartet draußen drei Jahre auf ihren Mann, den sie im Gefängnis geheiratet hat. Sie stirbt 2003 in Hamburg: Wieder da, wo für sie alles anfing: in einfachen Verhältnissen. Ihre große Liebe stirbt 2009. Die Geschichte der Banklady ist 2007 Thema einer Sonderausstellung im Volkskundemuseum Schleswig und wird 2013 verfilmt, mit Charly Hübner, Nadeshda Brennicke, Heinz Hoenig und Ken Duken in den Hauptrollen. An der Produktion beteiligt ist der Norddeutsche Rundfunk. Die Faszination der Figur macht offenbar auch vor dem Team nicht halt. »Ich habe das Drehbuch in einem durchgelesen, ich konnte gar nicht wieder aufhören«, gibt Schauspieler Heinz Hoenig zu Protokoll[4]: »Ich habe mich in die Banklady verknallt.«

---

1) Deutschlandfunk vom 15.12 2017;
2) NDR vom 18.6.2012;
3) Hamburger Abendblatt vom 3.3.2018;
4) NDR vom 26.3.2014

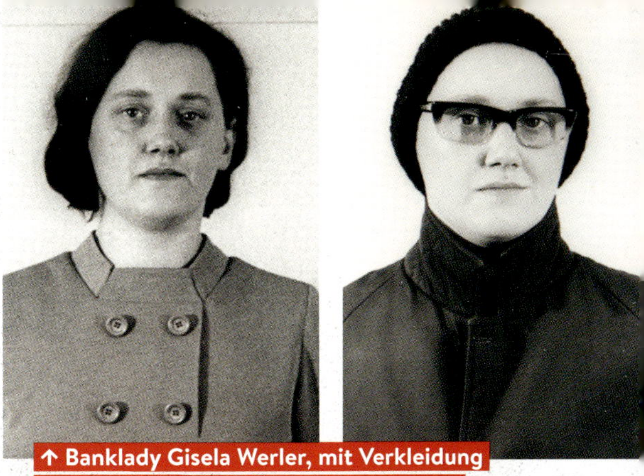

↑ Banklady Gisela Werler, mit Verkleidung
↓ Polizeifoto mit Asservaten der »Lady«

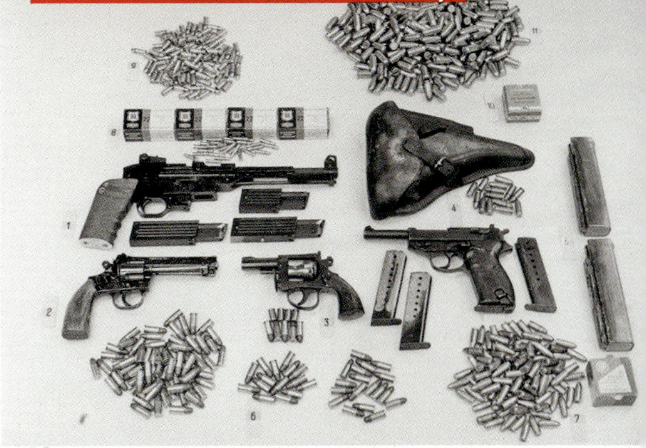

↑ Schalterhalle der Kreissparkasse Segeberg 1967
↓ Privates Wohnzimmer der Bankräuberin

4

»DAS SIND BULLEN«

Der erste RAF-Mord

Ein ahnungsloser Zivilfahnder im Nachteinsatz wird zum Terroropfer von Ulrike Meinhofs »bewaffnetem Kampf« gegen das System.

Ein trister Platz im Stadtteil Hummelsbüttel soll an das erste Opfer der RAF erinnern.

NACHTSTREIFE MIT FOLGEN. Die Nacht ist kühl. Ein steifer Hamburger Wind beißt auf der Haut. Norbert Schmid und sein Kollege versuchen sich einigermaßen warm und vor allem bei Laune zu halten. Die beiden Polizisten sitzen als Zivilstreife getarnt in einem privat aussehenden Ford auf dem Parkplatz des modernen Alstertal-Einkaufszentrums im Hamburger Osten. Es ist schon weit nach Mitternacht, als sie vor allem den gegenüberliegenden S- und Busbahnhof Poppenbüttel im Auge haben. Nachts ist in dieser Gegend wahrlich nicht viel los, schon gar nicht zu noch dunkler Stunde an einem frühen Freitagmorgen.

Die Zivilstreife soll Ausschau nach verdächtigen Personen halten. Das kann in dieser Zeit alles Mögliche heißen. Es können zum Beispiel Bandenmitglieder sein, Ruhestörer, aus Heimen entlaufene Jugendliche und neuerdings auch linke Aktivisten der Rote Armee Fraktion (RAF). Die Terrorgruppe um Andreas Baader, Ulrike Meinhof und Gudrun Ensslin sorgt im Kampf für ihre ideologischen Ziele gerade mit blutiger Gewalt für erste Schlagzeilen. Dass nur wenige Wohnhäuser entfernt tatsächlich eine Art Vollversammlung der zu diesem Zeitpunkt noch kleinen RAF-Truppe mit den Führungsköpfen Ulrike Meinhof, Holger Meins, Jan-Carl Raspe und Irmgard Möller zusammenkommt, können die Fahnder nicht ahnen.

Es ist gegen 1.20 Uhr an diesem 22. Oktober 1971, als den Polizisten beim Bahnhof eine junge Frau auffällt, die mit ihren 1,83 Meter später als »auffällig groß« gewachsen beschrieben wird. Die Frau hat lange dunkle Haare, sie trägt einen schwarzen Mantel und hohe dunkle Stiefel. Die Beamten verlieren sie kurz aus dem Blick und entdecken sie wieder, als sie aus der Tiefgarage des Einkaufszentrums kommt. Sie schöpfen keinen Verdacht und stören sich auch nicht an einem Pärchen ganz in der Nähe der jungen Frau. Sie halten die beiden trotz der ungewöhnlichen Stunde für stinknormale Passanten. Ein Liebespaar vielleicht.

Erst sehr viel später wird sich herausstellen, dass es sich bei der jungen Frau um das RAF-Mitglied Margrit Schiller und bei den beiden anderen um ihre Komplizen Gerhard Müller und wohl Ulrike Meinhof handelt. 20 Jahre später wird Margrit Schiller in ihrer Lebensbeichte schreiben, dass Ulrike Meinhof die Polizisten als erstes erkannte. »Scheiße, das sind Bullen«, ruft sie angeblich[1].

SCHÜSSE IN DEN RÜCKEN. Der ahnungslose Norbert Schmid und sein Kollege wollen die verdächtige Frau überprüfen. Als Schmid nach ihrem Personalausweis fragt, ergreift sie die Flucht. Er rennt hinterher, sein Kollege lässt den Wagen stehen und folgt ihnen. Ebenso das Pärchen. Die Beamten glauben noch, dass ihnen die vermeintlichen Passanten helfen wollen, bis Schmid warnt: »Die sind ja bewaffnet.«[2] Zu spät. Er wird durch mehrere Schüsse in den Rücken getroffen, sein Kollege am Fuß verletzt. »Dass man sich nicht einfach verhaften lässt«, wird Schiller später lapidar erklären, ist Teil ihres Konzeptes vom »bewaffneten Kampf«.

Margrit Schiller wird etwa 45 Minuten später in einer Telefonzelle festgenommen. In ihrer Handtasche hat sie unter anderem einen gefälschten Ausweis und eine Waffe. Schnell wird den Ermittlern klar, dass aus der nicht geschossen wurde. »Ich bin nicht wirklich weggelaufen«, behauptet Schiller später, als sie sich von der RAF längst abgewendet hatte. Angeblich bröckelte ihre Überzeugung bereits, seit sie vor dem Hamburger Zwischenfall eine andere Schießerei mitgekriegt hatte.

Ihre Komplizen entkommen ausgerechnet mit dem Auto der Zivilfahnder, lassen das aber schnell stehen. Sie tauchen unter. Schmids Kollege benennt den Mann als Todesschützen und identifiziert ihn mit Hilfe von Fahndungsfotos schnell als RAF-Mitglied Gerhard Müller, in dem damals manche eine Art Leibwächter von Ulrike Meinhof sehen.

VATER VON ZWEI TÖCHTERN. Für Schmid (32) kommt jede Hilfe zu spät. Der Ehemann und Vater von zwei Töchtern ist das erste Opfer der RAF. Am Ende wird ihre blutige Spur für 34 Menschen den Tod bedeuten. Generalbundesanwalt Siegfried Buback ist unter den Opfern, Arbeitgeberpräsident Hanns-Martin Schleyer, Treuhandchef Detlev Karsten Rohwedder, die Banker Alfred Herrhausen und Jürgen Ponto. Aber auch Polizisten, Fahrer und Personenschützer gehören zu den Opfern. Und gänzlich Unbeteiligte, die einfach nur zur falschen Zeit am falschen Ort waren.

Knapp ein Jahr nach der tödlichen Hamburger Schießerei, am 15. Juni 1972, werden Müller und Meinhof in Hannover gefasst. Müller gesteht. Und auch Schiller wird ihn später als Täter benennen: »Er hat geschossen.« Aber zu einer Verurteilung für den Mord kommt es nicht. Vor dem Landgericht Hamburg spielen die Aussageprotokolle, in denen sich der Todesschütze schwer belastet, keine Rolle. Er hat sich inzwischen der Bundesanwaltschaft als Kronzeuge angedient. Und nach der Strafprozessordnung kann die Auslieferung von Schriftstücken an ein Gericht untersagt werden, wenn es dem »Wohle des Bundes« dient.

DIE TAT BLEIBT UNGESÜHNT. Auch Schmids Kollege ist sich auf einmal nicht mehr so sicher. Die Nacht war dunkel. Er will sich nicht festlegen, was und vor allem wen er eigentlich genau beobachtet hat. Die Hamburger Gewalttat bleibt ungesühnt. »Trotz schwerwiegender Verdachtsmomente« mag das Gericht 1976 »keine hinreichenden Verdachtsmomente für die Täterschaft Müllers« erkennen. Er wird lediglich wegen Mitgliedschaft in einer terroristischen Vereinigung

Der Ort des tödlichen Schusswechsels in Poppenbüttel ist bis heute nahezu unverändert.

↑ Schmids Dienstfoto aus dem Staatsarchiv
↗ Der Busbahnhof ist heute viel moderner.
→ Schmids Grab erinnert an den RAF-Mord.

und anderer Delikte zu einer zehnjährigen Freiheitsstrafe verurteilt[3]. Der Richterspruch löst heftige öffentliche Kritik aus. Der SPIEGEL spricht von einer »beispiellosen Manipulation des Rechts« und schreibt: »Das Lebenslang wurde ihm geschenkt.«[4] Schmids Witwe ist noch Jahre später voller Wut und Bitterkeit über die Ungerechtigkeit. Der Süddeutschen Zeitung sagt sie 2010: »Der Staat, der von meinem Mann geschützt wurde, hat meinen Mann verraten.«[5]

DIE SPUR VERLIERT SICH. Müller wird 1979 vorzeitig aus der Haft entlassen. Er taucht unter, seine Spur verliert sich. Er soll nach Angaben der Bundesanwaltschaft 2005 gestorben sein. Auch seine Anwältin bestätigt das, von Selbstmord ist die Rede. Oder ist er vielleicht doch nur abgetaucht? Margrit Schiller geht nach ihrer Freilassung 1973 in den Untergrund, bevor sie einige Monate später erneut verhaftet und verurteilt wird. 1985 setzt sie sich nach Kuba ab, zehn Jahre später zieht sie weiter nach Montevideo in Uruguay. 2003 kehrt sie zurück nach Deutschland.

An den Polizisten Norbert Schmid erinnert ein nach ihm benannter unscheinbarer Platz im Hamburger Stadtteil Hummelsbüttel. Ein paar Geschäfte verlieren sich im Rand, drum herum seelenlose Wohnsilos. Sein Grab auf dem Friedhof Volksdorf mahnt bis heute zum Gedenken.

---

1) Margrit Schiller: »Es war ein harter Kampf um meine Erinnerungen«; Konkret Literaturverlag Hamburg, 1991;
2) NDR Geschichte vom 22. Oktober 2021;
3) NDR ebenda;
4) DER SPIEGEL 20/1979;
5) Süddeutsche Zeitung vom 19. Mai 2010

Tennisstar Monica Seles ist 1993 die große Favoritin am Hamburger Rothenbaum.

5

DER TAG, DER DAS TENNIS VERÄNDERT

Anschlag auf den Star

Ein verwirrter Attentäter sticht der weltbesten Spielerin in einer Matchpause in den Rücken und beendet ihre Karriere.

NEUES GESICHT UND NEUE POWER. Als Monica Seles im April 1993 nach Hamburg kommt, ist sie eine kleine Sensation. Zumindest im internationalen Tenniszirkus. Die 19-jährige Serbokroatin ist auf dem besten Weg, dem deutschen »Fräuleinwunder« Steffi Graf endgültig Titel und Rang abzulaufen. Seles ist die jüngste Siegerin der renommierten French Open aller Zeiten und seit über 50 Jahren die Erste, die dreimal in Folge das Grand-Slam-Turnier in Paris gewinnen konnte: 1990 bis 1992. Sie revolutioniert ihren Sport. Und zwar in jeder Beziehung.

Seles gibt dem Frauentennis ein neues Gesicht und neue Power. Sie gewinnt 1990 und 1991 sagenhafte 22 Turniere, steht 33-mal im Finale. Sie geht als Weltbeste ins Jahr 1993 und gewinnt gleich zu Jahresbeginn erneut die Australian Open. Bis eine Virusinfektion sie für einige Wochen aus der Bahn wirft. Noch geschwächt, aber gesundheitlich wieder hergestellt, steht sie in Hamburg nach ihrer Zwangspause endlich wieder auf dem Court und ist auf bestem Weg, ihrer deutschen Dauerkonkurrentin nach dem Titel als Nummer Eins der Welt nun auch den Sieg beim Heimspiel am Rothenbaum abzujagen.

EINE AUSNAHMESPIELERIN NEUER ART. So richtig hat sie ihren Rhythmus zwar noch nicht wiedergefunden. Aber mit 6:3 und 4:3 im Viertelfinale gegen die Bulgarin Magdalena Maleeva ist Seles nur noch zwei Spiele vom Halbfinale entfernt. Und dem Traumendspiel gegen Steffi Graf ein gutes Stück näher, als die Spielerinnen vielleicht zum letzten Mal in diesem Match die Seiten wechseln. Seles ist zwar noch nicht wieder ganz die Alte, die Zuschauer merken das. Aber immer noch gut genug für die Konkurrenz. Denn Seles ist eine Ausnahmespielerin ganz neuer Art.

Die fast 24-jährige Steffi Graf gilt trotz ihrer Erfolge als stiller und introvertierter Star, sie scheut den großen Medienrummel. Seles ist das Gegenteil. Sie ist extrovertiert, lacht viel, bringt schon mal Blumen mit auf den Platz, als wäre alles ein großes Spiel. Der Spielstil der beiden Rivalinnen unterscheidet sich grundsätzlich. Graf ist schnell und laufstark, ihr Spiel schnörkellos. Sie legt sich ihrer Gegnerinnen geduldig zurecht, jagt sie mit der starken Vorhand bis zum entscheidenden Punktgewinn. Seles spielt jeden Ball mit maximaler Härte. Sie trümmert die Bälle förmlich mit unbändiger Kraft übers Netz und nervt die Konkurrentinnen mit lautem, fast schon orgiastischem Gestöhn bei jedem Schlag. Seles ist Linkshänderin und schlägt jeden Ball, Vor- wie Rückhand, beidhändig. Das macht ihre Schläge schwer berechenbar und gibt ihren Bällen einen ganz besonderen Spin. Und sie dominiert viele Spiele bis zum Punktgewinn von der Grundlinie – ein ganz neues Gefühl im Frauentennis.

DAUERRIVALITÄT AUF DEM COURT. Sechs der letzten acht »Grand-Slam«-Turniere hat Seles bis zum Rothenbaum mit dieser sagenhaften Power und Präzision gewonnen. Auch zwei der letzten drei gegen Steffi Graf im Jahr 1992 – in Melbourne und in Paris. Nur in Wimbledon auf Rasen dominierte die Deutsche. Auf dem Hamburger Court bahnt sich für 1993 der Auftakt zu einem hochbrisanten Jahr der Dauerrivalität zwischen den beiden besten Tennisspielerinnen der Welt an.

Der 30. April 1993 ist mit fast 20 Grad fast schon ungewöhnlich warm. Seles sitzt in der Spielpause des Viertelfinales auf einer weißen Bank neben dem Schiedsrichterstuhl, wischt sich mit einem Handtuch den Schweiß aus der Stirn und ringt etwas nach Luft. Bevor es wieder losgeht, beugt sie sich vor zu ihrer

Wasserflasche. Ein letzter Schluck, dann geht es weiter. Dem Halbfinale entgegen. Es ist dieser Griff nach der Flasche, der ihr womöglich das Leben rettet. Denn unbeachtet ist ein mittelalter Mann an den kaum hüfthohen Maschendrahtzaun direkt hinter ihr getreten. Er zieht ein Schlachtermesser mit langer Klinge aus einer Plastiktüte und sticht ihr ohne zu zögern in den Rücken.

RETTENDER GRIFF ZUR FLASCHE. Die junge Spielerin schreit Schmerz und Überraschung heraus. Sie taumelt Richtung Netz, bricht zusammen. Ihr weißes Shirt ist auf dem Rücken blutverschmiert und steht in einem seltsamen Kontrast zum roten Sandplatz. Mehrere Zuschauer umklammern den Mann, der das Messer in den erhobenen Händen hält und offenbar ein zweites Mal zustechen will.

Seles hat Glück im Unglück. Der Stich zwischen die Schultern verfehlt nur knapp die Wirbelsäule und auch das Schulterblatt. Obwohl das Schlachtermesser eine mehr als dreizehn Zentimeter lange Klinge hat, ist der Einstich nur etwa zwei Zentimeter tief und verletzt lediglich Faser- und Muskelgewebe. Das Bücken nach der Trinkflasche hat sie offenbar gerettet. »Hätte ich mich in diesem Moment nicht nach vorne gebeugt, hätte ich gelähmt sein können«, schreibt Seles viele Jahre später in einem Buch über diesen Tag und die Diagnose ihrer Ärzte[1]. Das Turnier wird unbeeindruckt von dem Attentat fortgesetzt. Seles erfährt das im Krankenhaus. Ihre Konkurrentin Graf gewinnt. Ohne Seles hat sie leichtes Spiel. Der Attentäter hat sein Ziel erreicht.

GROSSE LIEBE. Der arbeitslose Dreher Günter Parche aus Thüringen ist ein unscheinbarer kleiner, fast kindlich wirkender Mann. Der 39-Jährige hat weder Frau noch Familie, er lebt bei einer alten Tante, war noch nie richtig verliebt, so wird später vor Gericht klar[2]. Er hat nur eine große Liebe: Stefanie Graf, Steffi gerufen. Er hält sie für einen »Ausnahmemenschen«, schreibt ihr Briefe. Kauft 1988 einen für DDR-Verhältnisse sündhaft teuren Videorecorder, um ihr während der deutschen Teilung zumindest optisch bei ihren Matches nahe zu sein. 1993, die Wende macht's möglich, besorgt er sich kurzentschlossen eine Fahrkarte für den Zug nach Hamburg und an der Stadionkasse ein Ticket: Neunte Reihe, Center Court. Nie war er seiner Liebe so nah.

Für Monica Seles hat der Albtraum ein Gesicht, das sich für immer eingeprägt hat. In ihrer Biographie »Getting the Grip« beschreibt sie 2009, inzwischen auch US-Staatsbürgerin, den Schreckensmoment: »Sofort drehte ich mich um, sah einen Mann mit einem bösartigen höhnischen Grinsen im Gesicht. In seiner Hand ein langes Messer.«[3]

KAMPF GEGEN DIE DÄMONEN. Der Tag lässt sie nicht mehr los. Zwei Jahre steht sie nicht mehr professionell auf dem Tennisplatz. 1995 dann ihr Comeback. Sie scheint körperlich fast wieder fit, kommt bei den US-Open sogar wieder ins Endspiel und verliert das nur knapp in drei Sätzen – gegen Steffi Graf. Die Tenniswelt hat – so scheint es – das ersehnte Duell zurück. Aber sie kann nicht mehr an ihre überragenden Leistungen anknüpfen. Seles kämpft mit chronischen Verletzungssorgen, mit Übergewicht und gegen ihre inneren Dämonen. »Essen wurde zum einzigen Ausweg, meine Dämonen ruhigzustellen«, schreibt sie in ihrer Biografie[4]. Das feige Attentat veränderte nicht nur ihre sportliche Leistung und Karriere. Es »beschädigte meine Seele. Ein Sekundenbruchteil machte aus mir einen anderen Menschen«[5].

EIN COMEBACK SCHEITERT. Der Täter kommt mit einer zweijährigen Bewährungsstrafe davon. Ihm wird zwar eine »hochabnorme Persönlichkeitsstruktur« bescheinigt und verminderte Steuerungsfähigkeit. Auf sichere Unterbringung kann nach Überzeugung der Richter aber verzichtet werden. Dabei bleibt es auch im Berufungsverfahren. Seles ist entsetzt und enttäuscht. Noch mehr, als auch eine Schadensersatzklage in zweistelliger Millionenhöhe gegen den Deutschen Tennisbund ohne Erfolg ist. Der Tennisbund habe mit so einem Ereignis nicht rechnen können, lautet die lapidare Erklärung der Richter.

Der Turnierzirkus geht ungerührt weiter. Steffi Graf rückt wieder unangefochten an die Weltspitze. Ohne ihre wohl größte Konkurrentin. Die unternimmt noch ein paar Comebackversuche, gewinnt 1997 zwei große Turniere. Wird aber nie wieder die Alte. Ein später Triumph des verwirrten Attentäters. 2003 bestreitet sie ihr letztes Profimatch – am Ort ihrer vielleicht größten Triumphe. Bei den French Open unterliegt sie in der ersten Runde sang und klanglos einer Russin. Immerhin wimmelt es seit dem Tag, der das internationale Tennis verändert, vor Sicherheitskräften auf internationalen Turnieren.

Monica Seles spielt nach dem Attentat nie wieder in Deutschland. Dem Land, »das den Mann, der mich angegriffen hat, nicht ausreichend bestrafte«, wie sie verbittert sagt.

↑ Der modernisierte Center Court heute

↓ Die Stichwunde von Seles wird untersucht.

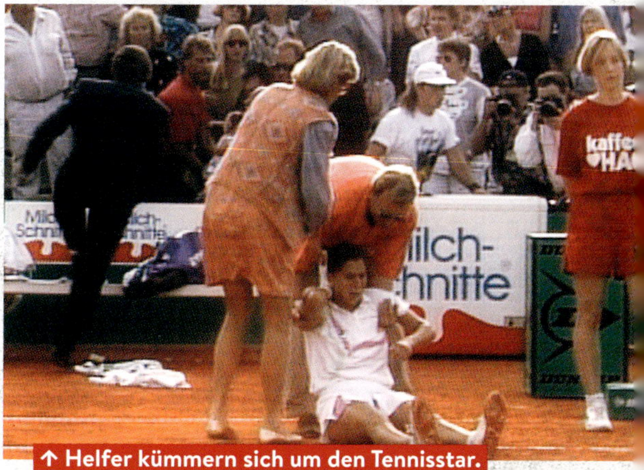

↑ Helfer kümmern sich um den Tennisstar.

↓ Zuschauer überwältigen den Täter.

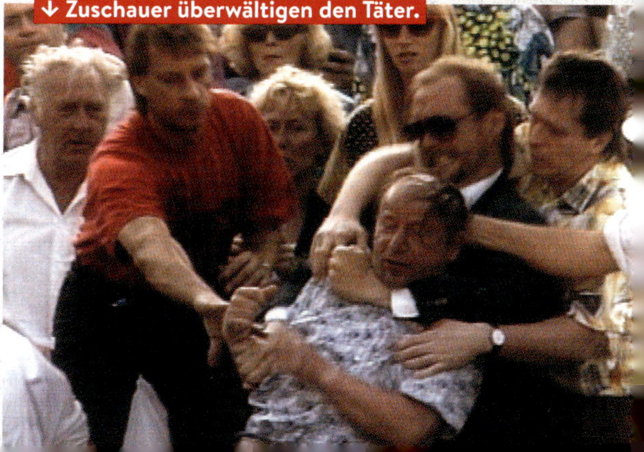

---

1) NDR v. 30.4.2018: »Das Messerattentat auf Seles am Rothenbaum«;

2) ZEIT Online v. 19.4.2020: »Das ist kein Spiel«;

3) NDR ebenda;

4) Süddeutsche Zeitung v. 9.6.2020: »Die junge Frau, die auf dem Platz zur Bestie wurde«;

5) NDR ebenda

6

HORROR AUF DEM DACHBODEN

Der Frauenmörder Honka

Wie aus einem schielenden Wachmann mit Sprachfehler ein grausamer Massenmörder und Kulturobjekt wird.

Die geborgenen Leichenreste aus Honkas Wohnhaus werden abtransportiert.

FEUERWEHREINSATZ AM BAHNHOF. Es ist eine laue Nacht an diesem Donnerstag des Jahres 1975. Die ersten Tage des Monats waren fast schon ungewöhnlich warm, für die kommenden Stunden sind Wolken und Regen angesagt, echte Abkühlung ist aber nicht in Sicht. Eine noch unbekannte Leipziger Physikstudentin, die 30 Jahre später als deutsche Bundeskanzlerin die Welt mitbestimmen sollte, schlummert in der DDR seelenruhig ihrem 21. Geburtstag entgegen, als bei der Feuerwehr im Hamburger Stadtteil Ottensen ein Notruf eingeht. Es brennt in der Zeißstraße 74, einer unbedeutenden engen Gasse mit zweigeschossigen ältlichen Mietshäusern nahe des Bahnhofs Altona. Einem norwegischen Seemann, so stellt sich später heraus, war der Strom abgestellt worden. Er ist bei Kerzenlicht eingeschlafen, beim Herunterbrennen wird seine Wohnung in Brand gesetzt. Die Flammen fressen sich auch durch die Decke auf den Dachboden und in eine enge Wohnung im Giebel.

Schon die Bezeichnung für die Bleibe unter dem Dach ist eher übertrieben. Die Mansarde hat gerade mal 18 Quadratmeter, viele Schrägen und kleine Erkerfenster. Dazu gehören enge niedrige Verschläge. Als die Retter die Wohnung betreten, finden sie eine völlig verwahrloste Unterkunft vor. Zwischen Kornflaschen, überfüllten Aschenbechern, Zigarettenresten und Bierkisten liegen Sexhefte und Kinderpuppen. Wände und Dachschrägen sind mit Erotikbildern tapeziert.

ES STINKT NACH VERBRANNTEM FLEISCH. Es ist der 17. Juli 1975, als diese heruntergekommene Behausung Geschichte schreibt. »Was sofort auffiel«, wird viel später einer der Feuerwehrmänner dem Norddeutschen Rundfunk (NDR) erzählen[1], sei starker Verwesungsgeruch und der Gestank nach verbranntem Fleisch gewesen. In einem Dachverschlag entdecken die Retter den Torso einer Frau, ohne Beine und Kopf, die Brüste abgeschnitten. In einem glühenden Kohlehaufen finden sie einen Plastiksack mit abgetrennten menschlichen Körperteilen. Die Polizei lässt Dielen ausheben und bricht Mauern auf. Am Abend berichtet die »Tagesschau« bis in den letzten Winkel der Republik, dass Feuerwehrleute in dem Dach »durch Zufall vier Leichen gefunden« hätten: »Die Polizei vermutet wegen der Zerstückelung der Leichen Sexualverbrechen«.

SCHLÜSSEL ZUM DACHBODEN. Die Feuerwehr sucht noch nach Brandnestern im Dachgeschoss, als der 39-jährige Wachmann Fritz Honka von seiner Nachschicht nach Hause kommt. Jürgen Vierle ist einer der Ermittler vor Ort. Er steht vor der aufgebrochenen Wohnungstür. Im Hamburger Polizeimuseum ist auf Audio zu hören, was er dann erlebt. »Da kommt dieses besagte kleine Männchen« die Treppe hoch, erzählt der Mann von der Mordkommission: »In Uniform, in Uniformmantel, Uniformmütze auf, sah so ein bisschen nach Wasserwerk aus oder so«.[2]

»Was ist denn hier los?« ist die erste Reaktion des gefasst wirkenden Honka, als er das Inferno sieht. Auch als er hört, dass Leichenteile gefunden wurden, bleibt er äußerlich ruhig. Nachbarn hören ihn sagen »deshalb hat es hier so gestunken«, so berichten es Lokaljournalisten am Tag nach den grausigen Funden[3]. Auf Fragen des Ermittlers Vierle nach den Verschlägen im Dachboden und dem Schlüssel dazu erklärt Honka bereitwillig: »Den hab' nur ich, da kommt keiner rauf.« Für die Ermittler ist damit sofort der dringende Tatverdacht gegeben.

HEIMKARRIERE UND HILFSARBEITER. Dabei weckt Honka alles andere als Assoziationen mit einem Gewalttäter. Er ist eine eher traurige Gestalt. »Fiete«, wie er oft genannt wird, kommt am 31. Juli 1935 in Leipzig zur Welt. Er ist das dritte von insgesamt zehn Kindern – drei sterben schon bei der Geburt. Mit fünf Jahren schlägt ihn sein Vater offenbar fast tot, so wird jedenfalls irgendwann über seine Vita bekannt, die Mutter ist überfordert. Honka verbringt die meiste Zeit seiner Kindheit und Jugend im Heim. Mit 16 reist er aus der DDR aus und landet als Hilfsarbeiter auf einem Bauernhof in der Lüneburger Heide, 1956 dann in Hamburg als Werftarbeiter. Als ihn ein Auto anfährt und schwer verletzt, behält er eine zertrümmerte Nase und ein entstelltes Gesicht zurück. Er schielt und leidet unter einem Sprachfehler. Kollegen erscheint der nur 1,68 Meter große Mann als eher wortkarg, schüchtern und gehemmt. Dass er in seiner Wohnung ganz anders sein konnte, ahnt lange Zeit niemand.

»Zum Goldenen Handschuh« auf St. Pauli erinnert bis heute an Honkas Stammkneipe.

IN DER KNEIPE IST ER DER KÖNIG DER GANOVEN. Sein Doppelleben findet vor allem in seinen Stammkneipen statt: Der »Elbschlosskeller« und »Zum Goldenen Handschuh« am »Hamburger Berg«, einer Seitenstraße der »Reeperbahn«, sind wie ein zweites Wohnzimmer für ihn, so ergeben die Ermittlungen. Er sitzt dort stundenlang rum, redet wenig und trinkt viel. Viel zu viel – vor allem Cola-Rum und Brause mit Korn. Honka trägt auch da oft Uniform, die seine Kneipenkumpane nicht recht zuordnen können. Wenn er ausgelassen ist, was selten vorkommt, nennt er sich schon mal »König der Ganoven«. Viele kennen ihn, erst recht die Wirte. Aber niemand nimmt ihn wirklich ernst. Und er stört auch nicht.

Als Honka das erste Mal nachdrücklich aktenkundig bei der Polizei wird, hat er bereits die erste Bluttat hinter sich – nur weiß niemand davon. Im Sommer 1972 flieht eine Frau nackt aus seiner Wohnung, weil er sie zum Sex mit ihm und einer kurzzeitigen Lebensgefährtin zwingen will. Er hat zur Tatzeit 2,4 Promille Alkohol im Blut und wird erkennungsdienstlich registriert, kommt aber drei Jahre später mit einer Geldstrafe davon – da ist er längst zum mehrfachen Mörder geworden.

VORLIEBE FÜR GESTRANDETE FRAUEN. Seine Opfer sucht sich der Wachmann in seinen Stammkneipen. Es sind heruntergekommene Frauen ohne Familie und ohne festen Wohnsitz. Gestrandete, die tiefer nicht fallen können, und für ein Getränk, erst recht für ein Bett oder Bad so ziemlich alles machen, sich und ihren Körper verkaufen. »Fünf-Mark-Nutten« werden sie genannt. Sie sind alles andere als hübsch, eher klein von Statur. Die Kleinste ist gerade mal 1,50 Meter groß. Honkas Vorliebe sind betrunkene und zahnlose Frauen. Er wählt seine Opfer in seinen beiden Lieblingskneipen sehr gezielt aus. »Der war gar nicht mal so ungeschickt«, erzählt der damalige Mordermittler Karl Pries auf den Tonträgern des Polizeimuseums. Honkas Wahl fällt ausschließlich auf Frauen, bei denen er sicher sein kann, »da stellt keiner eine Vermisstenanzeige, da kommt nichts nach.«

Gertrud Bräuer (42) ist sein erstes Opfer. Vermutlich schon im Dezember 1970, eineinhalb Jahre vor seinem ersten Kontakt mit der Polizei, nimmt er die Friseurin und Gelegenheitsprostituierte mit in seine Wohnung. Als sie sich weigert, Sex mit ihm und einer Freundin zu haben, tötet er sie. Gutachter schätzen Honkas Blutalkohol zur Tatzeit später auf vier Promille. Kopf, Brüste, Hände und ein Bein des Opfers werden fast ein Jahr nach der Tat, am 2. November 1971, unter illegal entsorgtem Müll auf einer Brachfläche in der Nähe seiner Wohnung gefunden. Ohne Hinweis auf den Täter. Es ist ihr Torso, den Feuerwehrleute nach dem Brand in einem Dachverschlag entdecken.

WIE EIN BRETT. Alkohol und Sex – es ist immer die gleiche Überdosis, die ihn zu seinen Gräueltaten leitet. Anna Bäuschel, eine 54-jährige Prostituierte, nimmt er 1974 im Vollrausch aus dem »Goldenen Handschuh« mit und stranguliert sie in seiner Wohnung. Sie habe »wie ein Brett dagelegen«, sagt er beim Verhör.

Frieda Roblick (57), ebenfalls Prostituierte, bringt er noch im gleichen Jahr um. Sie soll ihm 200 Mark gestohlen haben, obwohl er sie bereits bezahlt hatte.

Ruth Schult ist sein letztes Opfer. Der 52-Jährigen, die ebenfalls für kleines Geld anschaffte, schlägt er im Suff in seiner Wohnung erst eine Schnapsflasche auf den Kopf

Nach seiner Festnahme: Honka-Foto der Polizei im Museum

und stranguliert sie dann mit einem Damenstrumpf. Der Obduktionsbericht dokumentiert die grausamen Details. Es seien »beide Brüste abgetrennt« und »Ohrmuscheln glatt abgeschnitten, Nasen- und Zungenspitze abgetrennt« worden, heißt es da. Warum er ihre Leichenreste im Dachverschlag versteckte und nicht aus dem Haus brachte? »Die war einfach zu schwer«, so seine Aussage.

Mit einem Fuchsschwanz und einem Messer zersägt und zerstückelt er die Leichen. Den Verwesungsgestank aus den Dachverliesen versucht er mit Duftsteinen fürs WC notdürftig zu kaschieren. Nachbarn beschweren sich zwar über die Geruchsbelästigung, geben sich aber mit einfachen Erklärungen zufrieden. Das seien exotische Essengerüche ausländischer Hausbewohner, ist so eine. Wirklich vermisst werden die Frauen über Jahre offen-

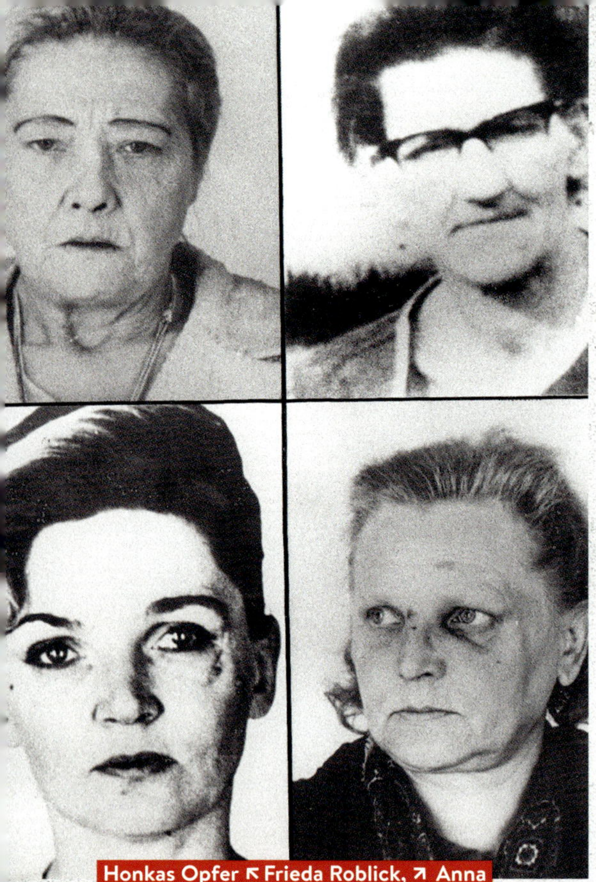

Honkas Opfer ↖ Frieda Roblick, ↗ Anna Beuschel, ← Gertrud Bräuer und → Ruth Schult

bar von niemandem. Die Mordkommission braucht Wochen, um die zum Teil mumifizierten Leichen identifizieren zu können. Wie genau er die Frauen getötet hat, ist für die Mordkommission nicht mehr festzustellen.

MAUERN UND SCHWEIGEN. Beim Verhör beißen sich die Ermittler lange die Zähne aus. Honka schweigt und mauert. Wenn er sich kurz äußert, will er sich an nichts erinnern können. »Möglich«, sagt er dann oder »könnte sein«. Viele Stunden lang geht das so. Tagelang, wird später in Hamburger Zeitungen zu lesen sein. Bis dann doch Leben in Honka kommt. »Ich habe sie gemacht«[4], gibt er auf einmal zu. Will sich aber an Details nicht erinnern können. »Richtig geschildert hat er es in keinem einzigen Fall«, erzählt Mordermittler Vierle. Mal behauptet Honka, im Auftrag von »Jack the Ripper« gehandelt zu haben. Dann wieder beteuert er, drei der Frauen hätten Suizid begangen. Als er aufgewacht sei, hätten sie jeweils neben ihm im Bett gelegen »und keinen Mucks von sich« geben.

STARVERTEIDIGER HAT ERFOLG. Der Mordprozess gegen Honka beginnt im November 1976. Zu seinen Strafverteidigern gehört der prominente Staranwalt Rolf Bossi, der sowohl den Kindermörder Jürgen Bartsch vertrat als auch Schauspieler wie Romy Schneider und Hardy Krüger. Bossi stellt seinen Mandaten als nicht zurechnungsfähig dar, schwer geschädigt durch sein Kindheitsschicksal, vom Leben kaputt gemacht. Die Strategie hat Erfolg.

Am 20. Dezember 1976 verurteilt ein Schwurgericht in Hamburg Honka wegen »verminderter Schuldfähigkeit« lediglich wegen Mord in einem und Totschlag in drei Fällen zu 15 Jahren Freiheitsentzug und Unterbringung in der Geschlossenen Psychiatrie. Das Gericht erkennt bei ihm eine »schwere seelische Abartigkeit mit Krankheitswerten«. Honka kommt ins Hamburger Klinikum Ochsenzoll hinter Gitter und hohe Mauern. Nach 15 Jahren hat er das erste Mal wieder ab und an Freigang, sein Sozialverhalten hat sich mit Hilfe der Therapie normalisiert. 1993 wird er aus der Psychiatrie entlassen. Als »Peter Jensen« verbringt er seine letzten Jahre unerkannt in einem Altenheim in Scharbeutz an der Ostsee. Niemand ahnt etwas von seiner grausigen Vergangenheit. Fritz Honka stirbt am 19. Oktober 1998 als 63-Jähriger in Hamburg im Krankenhaus.

BUCH, BÜHNE UND FILM. Das Medieninteresse an der »düsteren Welt« des Massenmörders »zwischen Puppen und Pornos« war

↑ Die schmale Stiege zu Honkas Dachgeschoss
↗ Honkas Tatwerkzeuge im Polizeimuseum
→ Tatortfoto aus dem Museumsarchiv

riesengroß und ist es bis heute geblieben. Popsänger beschäftigen sich in ihren Texten mit Honka, Bestsellerautor Heinz Strunk wertet im Staatsarchiv Akten und Dokumente für seinen Roman »Der goldene Handschuh« aus, der 2016 auf den Markt kommt. Im Deutschen Schauspielhaus in Hamburg bringt Strunk sein Buch zusammen mit seinen Musikerkollegen von »Studio Braun« auf die Bühne, in den Hauptrollen Charly Hübner und Lina Beckmann. Schließlich inszeniert der preisgekrönte Filmregisseur Fatih Akin das Buch mit Jonas Dassler in der Rolle des Fritz Honka als detailgetreue Milieustudie. Er spaltet damit die Zuschauer der Berlinale 2019. Zu grausam ist der Horror. »Ich kann den Film nicht jedem empfehlen«, gibt er unverblümt zu.

Die Schauplätze aus Honkas Leben sind bis heute fast unverändert. Die ranzigen Kneipen am »Hamburger Berg« existieren weiter, und auch Milieu und Gäste haben sich zum Teil kaum gewandelt. Schaulustige, die sich an die Tresen verirren, haben dort keinen leichten Stand. Auch das Wohnhaus in Ottensen steht noch. Ohne jeden Hinweis, welche grausame Geschichte sich dort vor 50 Jahren abspielte.

1) NDR Kultur: »Als Frauenmörder Fritz Honka ganz Hamburg schockte«; ndr.de vom 26.2.2016;

2) Dauerausstellung Polizeimuseum Hamburg;

3) Hamburger Abendblatt vom 18.7.1975;

4) Hamburger Abendblatt vom 6.12.2019

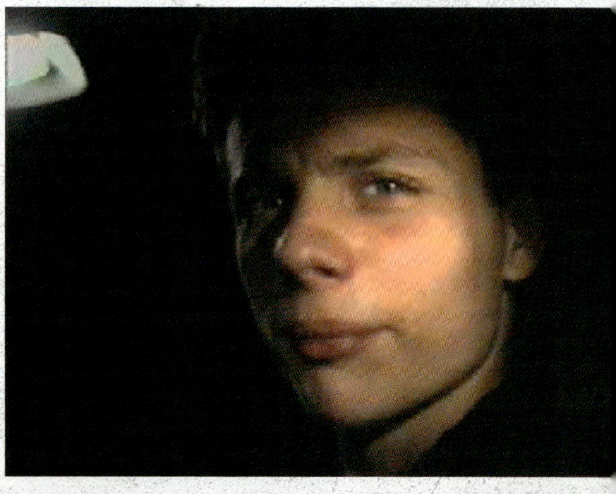

↑ Der inzwischen 23-Jährige wird 2002 erneut festgenommen und wegen verschiedener Verkehrsdelikte verurteilt.
↗ Crash-Kid Dennis bei SPIEGEL TV 1998 → Nach seinem tödlichen Unfall 1992

7

LEBEN AUF DER ÜBERHOLSPUR

Crash-Kid Dennis

Ein Jugendlicher schrottet massenhaft geklaute Autos und wird zum Symbolobjekt im politischen Streit um den rechten Umgang mit sozialen Außenseitern.

EIN GANZES LAND REDET ÜBER IHN. Dennis beginnt seine beispiellose Karriere, da ist er gerade zwölf Jahre alt. Es dauert nicht lange, bis ihn die ganze Republik kennt. Zeitungen sind voll von ihm und seinen Geschichten, Fernsehmagazine widmen ihm eigene Reportagen. Das ganze Land redet über ihn und sein »Leben auf der Überholspur«. Sogar in der Politik dient er als Symbol. Wenn auch als negatives.

Als andere Kinder noch mit der Pubertät kämpfen und der Frage, wo sie hingehören, weiß Dennis zumindest, wo es für ihn lang geht. Oder besser: wie. Anfangs ist es nur ein großer Spaß für ihn, auf dem Hof eines Autohändlers mehrere Autos zu Schrott zu fahren. Bald darauf klaut er sein erstes Auto und liefert der Polizei eine Verfolgungsjagd[1]. Dennis ist 13 Jahre, als er zum ersten Mal die Schlagzeilen beherrscht. Er rast in einem geklauten Opel über die Bundesstraße von Hamburg nach Bergedorf. Als er die Gewalt über das Fahrzeug verliert, prallt der Wagen gegen eine Mauer. Sein gleichaltriger Kumpel Sven kommt in den Trümmern des Autos ums Leben. Dennis hat Glück. Er wird aus dem Auto geschleudert. Er kommt mit einer Armverletzung davon – und das erste Mal in die geschlossene Psychiatrie der Hamburger Universitätsklinik. Wenn auch nur kurz. Es ist der 21. Juli 1992, als die unrühmliche Karriere von Dennis mit dem tragischen Crash seinen ersten Höhepunkt erreicht. Über 1000 Autos bricht er insgesamt auf, schließt sie kurz und fährt sie zu Schrott. Nicht ohne Stolz macht er selbst irgendwann diese Rechnung von sich auf. Der Sachschaden wird auf 25 Millionen Mark geschätzt. Die Medien titeln: »Das schnelle Leben der Crash-Kids«.

IM GESCHWINDIGKEITSRAUSCH GEGEN DIE WUT. Dennis ist einer von ihnen, vielleicht ihr heimliches Idol. In den Neunzigern halten die Crash-Kids Polizei und Öffentlichkeit in Atem. Der Kern der Hamburger Truppe ist rund um den Hauptbahnhof zuhause. Es sind vor allem aus dem Elternhaus ausgerissene oder eltern- und obdachlose Kids, die meisten zwischen 12 und 16 Jahre alt. Schwer erziehbar werden sie in diesen Tagen oft genannt. Und öffentlich abgestempelt. Dabei ist ihre Lebensgeschichte oft viel differenzierter. »Fast alle Crash-Kids sind in Familien hineingeboren, die meist schon vor der Geburt kaputt waren«, diktiert der Hamburger Unipädagoge Peter Struck der »taz« in den Block[2]. Viele haben Probleme in der Schule, haben keine fest Bleibe oder Ärger mit ihren amtlichen Betreuern. Sie zählen zu den sogenannten hoffnungslosen Fällen.

Wenn Stress und Wut zu groß werden, klauen sie Autos und rasen in sinnloser Geschwindigkeit ohne festes Ziel durch die Landschaft. Mit 200 Sachen, Spitzengeschwindigkeiten bis zu 240. Alles was die Motoren hergeben. Runterkommen im Geschwindigkeitsrausch. Oder sie rammen die Karren einfach zu Schrott, wie beim Autoscooter auf dem »Hamburger Dom«, dem traditionellen Rummelplatz der Elbmetropole. Manchmal stecken sie auch Lappen in Autotanks, zünden sie an und fackeln die Autos einfach ab. Viele sind Serienstraftäter wie Dennis und werden von der Polizei immer wieder erwischt. Oft sind sie aber noch nicht strafmündig. Sie werden zwar aktenkundig, müssen aber wieder laufen gelassen werden.

Dennis ist der bundesweit wohl prominenteste Fall. Nachdem seiner Mutter das Sorgerecht entzogen wird, kommt er in die Fürsorge des Jugendamtes und in ein Kinderheim. Seine Erzieher lernen ihn als reizbar und gewalttätig kennen. Sein Heimleiter erzählt SPIEGEL TV später für eine Reportage, dass Dennis von seinen Mitbewohnern »nicht geachtet, wohl aber gefürchtet« wird[3]. Dennis selbst sagt in der Reportage: »Ich habe damals alle gehasst, Lehrer, Erzieher, alle, die etwas von mir wollten.« Regelmäßig ist er Teil der Szene am Hauptbahnhof.

MENSCHEN STATT MAUERN. Der tödliche Unfall hätte ein Wendepunkt in seinem Leben werden können. Denn der öffentliche Druck auf das Hamburger Jugendamt wächst danach. Im August fährt er mit 33 gleichaltrigen Gesinnungsgenossen ins finnische Jugenddorf Kuttula bei Tampere, begleitet von über 20 Lehrern und einem Koch. Erlebnispädagogik soll bei der Resozialisierung helfen, mehr jedenfalls als Wegsperren. Die Hamburger Jugendsenatorin Rosemarie Raab ist von dem Grundsatz überzeugt. »Menschen statt Mauern« ist ihr Konzept, das die Abschaffung der geschlossenen Heime für Jugendliche zum Ziel hat. Tatsächlich ist Kuttula für Dennis zweieinhalb Jahre lang der wohl einzige Ort, von dem er in seinem Leben nie geflohen ist[4].

Zurück aus Kuttula und einigen anderen Pädagogikprojekten zum Beispiel in Dänemark oder Schweden, geht es Ende 1995 wieder rund. In nur zwei Wochen rechnen die Behörden ihm zwölf geklaute Autos zu. Dennis muss zurück nach Finnland, diesmal immerhin mit einer Freundin und zwei speziellen Betreuern. Monatliche Kosten von 40 000 Mark lassen die öffentliche Akzeptanz für das Konzept allerdings innerhalb weniger Wochen und ziemlich endgültig schwinden. Im Februar 1996 wird er in Hamburg zu einer Bewährungsstrafe von einem Jahr verurteilt.

POLNISCHE EINSICHTEN. Dennis wird ungewollt zu einer Symbolfigur im Streit der Jugendpädagogen um offene oder geschlossene Heime für Schwererziehbare, über Erlebnispädagogik und ihre Grenzen. An ihm selbst scheitert das Konzept »Menschen statt Mauern« nachdrücklich. Und auch damit wird er zum Symbol. Noch 1996 landet er in einem neuen Resozialisierungsprojekt – diesmal in Polen in der Nähe von Krakau. Neues Land, alte Muster: Er bricht Autos auf, klaut Radios und Ersatzteile und wird beim Verkauf erwischt. Eine Bewährungsstrafe bringt ihn nicht zur Einsicht, die polnische Justiz macht ernst. Er wird zu sechs Jahren Gefängnis verurteilt, in Strzelce Opolskie, dem ehemaligen Groß Strehlitz in der Nähe von Kattowitz. Zu sechst sitzen sie in einer nur 15 Quadratmeter großen Zelle, Dennis zusammen mit einem Mörder und vier Räubern, als ihn SPIEGEL TV dort besucht.

Nach 16 Monaten hält er es nicht mehr aus und zeigt Anzeichen von Reue. Dennis will zurück und seine Reststrafe in Hamburg verbringen. Das Hamburger Landgericht stimmt dem Antrag im Oktober 2001 zu, die polnischen Behörden willigen ebenfalls ein. Im Frühjahr 2002 soll er in ein Hamburger Jugendgefängnis überführt werden.

RICHTER GNADENLOS. Im Hamburger Rathaus hat sich inzwischen allerdings der politische Wind gedreht. Nach den Terroranschlägen auf das World Trade Center in New York am 11. September 2001 wird die Debatte um Innere Sicherheit schlagartig zum alles beherrschenden Thema in der Stadt, der rot-grüne Senat verliert zwei Wochen nach den Terroranschlägen die Bürgerschaftswahlen. Der neue CDU-Bürgermeister Ole von Beust verbündet sich mit der FDP und vor allem mit dem rechtspopulistischen Amtsrichter Ronald Schill.

Als »Richter Gnadenlos« spaltet der Jurist mit seinen teils überharten und in den Instanzen nicht haltbaren Urteilen die juristische Landschaft. In den bürgerlich konservativen Milieus der Stadt findet er aber mit seiner Recht-und-Ordnung-Philosophie viel Zustimmung. Seine frisch gegründete Partei »Rechtsstaatliche Offensive« kommt auf Anhieb auf satte 19,4 Prozent. Dass Schill mit seiner Hybris und einem dubiosen Lebenswandel die Koalition in nicht einmal zwei Jahren gegen die Wand fahren würde wie zuvor Crash-Kid Dennis, mag sich zu diesem Zeitpunkt niemand in der Stadt vorstellen. Justizsenator Roger Kusch von der CDU jedenfalls entscheidet noch ganz im Sinne Schills und lehnt, anders als seine sozialdemokratische Vorgängerin, die geplante Überstellung von Dennis nach Hamburg ab.

ALLES WIE IMMER. Fünf Jahre später ist der dann trotzdem wieder zurück in Hamburg und erneut vor Gericht. Der Grund: Mit einem VW-Bus voller Diebesgut liefert er sich eine Verfolgungsfahrt mit bis zu 18 Streifenwagen, verletzt dabei eine Polizistin und schrottet etliche Autos. Zurück auf Null, alles wie gehabt. Die Staatsanwältin klingt fast schon ein wenig verzweifelt als sie feststellt: »Seit dem achten Lebensjahr ist er mit Autos gefahren, statt zur Schule zu gehen. Er saß neun Jahre im Knast. Er hat den Hang zu erheblichen Straftaten. Vor Gericht gibt er sich immer einsichtig und besserungswillig, aber er legt eine Gleichgültigkeit gegenüber dem Leben an dem Tag. Wenn er verfolgt wird, brennen bei ihm die Sicherungen durch.«[5]

Dennis ist inzwischen 28 Jahre alt, als das Hamburger Gericht ihn wegen gefährlichen Eingriffs in den Straßenverkehr in Tateinheit mit Nötigung, fahrlässiger Körperverletzung, Fahrens ohne Führerschein sowie Diebstahls verurteilt – wieder mal. Diesmal zu fünfeinhalb Jahren Freiheitsentzug. Ach ja, und zu einer Führerscheinsperre von fünf Jahren. An einer Sicherheitsverwahrung, wie

Crash-Kid Dennis in einem geklauten Transporter

die Staatsanwaltschaft fordert, schrammt er gerade noch vorbei.

ENDE SEINER CRASHFAHRT? Im Frühjahr 2014 dann die nächste Spur. Dennis wird mitten in der Nacht in der Nähe des Stadtparks von einer Polizeistreife gestellt – in einem blauen VW Golf, zusammen mit einem Freund. «Die Kiste habe ich gerade geklaut«, soll er den Beamten fröhlich gesagt haben. So berichten es jedenfalls Boulevardjournalisten am Folgetag. Er wird dem Haftrichter zugeführt – same procedure as every year, wie im beliebten britischen Silvestersketch »Dinner for One«.

Es ist das Ende seiner Crashfahrt. Öffentlich sind keine negativen Schlagzeilen mehr über ihn in Erfahrung zu bringen. Auf Instagram lässt er irgendwann seine gerade mal neun Follower wissen: »Auch ich bin jetzt hier auf Instagram um mit euch zu teilen, wie sich gerade mein komplettes Leben verändert.« Man darf gespannt sein. Ende Juli 2022 wird er erneut festgenommen. Diesmal nach einem Einbruch.

---

1) Hamburger Abendblatt vom 22.7.2014;

2) tageszeitung vom 9.1.1993;

3) SPIEGEL online vom 15.4.2002;

4) SPIEGEL online ebenda;

5) DIE WELT vom 9.8.2007

8

»ILLEGALE WARE FOLGT DER LEGALEN«

Der Kokain-Coup

Warum der Hafen auch Umschlagplatz für Drogenschmuggel ist und illegale Lieferungen immer mehr werden.

Zollbeamte präsentieren das sichergestellte Kokain aus dem Rekordfund im Hamburger Hafen.

In Containern von Bord der »Cap San Artemissio« werden die Drogen im Hafen angelandet.

FAHNDER SIND LANGE ALARMIERT. Die »Cap San Artemissio« ist eines der weltgrößten Kühlcontainerschiffe. Als der 333 Meter lange Ozeanriese mit Platz für fast 10 600 Container am Eurogate-Terminal im Hamburger Hafen festmacht, sind die Fahnder schon lange alarmiert. Der Koloss mit dem leuchtend roten Rumpf kommt aus Montevideo und hat brisante Ladung an Bord. Den Verdacht jedenfalls hat eine aufwendige Risikoanalyse der Zollfahnder ergeben.

Die Ermittler wissen genau, wonach sie suchen. Sie identifizieren die infrage kommenden Stahlkisten und werden schnell fündig. Mehr noch als sie es sich in ihren schlimmsten Erwartungen vorgestellt haben. Am 12. Februar 2021 entdecken die Zollfahnder in fünf Containern der Ladung sagenhafte 16 Tonnen Kokain – ein Fahndungserfolg der Superlative. Er übersteigt alles bisher Dagewesene. Es ist die größte in Deutschland und Europa jemals auf einen Schlag sichergestellte Menge Kokain[1].

Dagegen verblassen sogar ganze Jahresbilanzen früherer Zeiten. In den beiden Vorjahren etwa waren das jeweils rund zehn Tonnen, die vom Zoll binnen zwölf Monaten aus dem Verkehr gezogen werden konnten. Der Straßenverkaufswert des beispiellosen Rekordfundes liegt nach Zollangaben zwischen 1,5 und 3,5 Milliarden Euro. Je nachdem, wie stark das Zeug auf dem illegalen Drogenmarkt für die Konsumenten gestreckt wird.

BRIKETTS UNTER SPACHTELMASSE. Der Stoff, aus dem die Träume der Kriminellen sind, steckt in scheinbar gewöhnlichen Blechkanistern mit Spachtelmasse und ist nicht so ohne weiteres zu entdecken. Er ist in mit Plastikfolie umwickelte Päckchen eingeschweißt zu flachen Briketts und verteilt auf 1700 dieser blauen und gelben Metalldosen, die jede 20 Kilogramm schwer ist. Wer den Deckel aufhebelt, sieht erst mal nur zähe schleimähnliche Streichmasse, mit der die Kanister aufgefüllt sind. Unter der verbirgt sich der Stoff. Die Blechbüchsen sind auf fünf Stahlcontainer verteilt.

Auf Tarnungen dieser Art sind die Zollfahnder gut vorbereitet. Ihr Kokain-Coup ist keinesfalls zufällig. Er ist das Ergebnis intensiver Ermittlungsarbeit, die oft schon bei der Verschiffung der Ladung beginnt. Herkunftsland der 16 Tonnen Kokain ist diesmal Paraguay. Zumindest laut Frachtpapieren. Welche Umwege das Kokain bis zum Verladen womöglich genommen hat, ist kaum nachzuvollziehen. Beim Stopp im Elbehafen ist das Schiff auf dem Weg von Montevideo nach Antwerpen, wo die belgischen Kollegen neun Tage nach dem Hamburger Fund weitere 7,2 Tonnen sicherstellen werden.

KOKAIN ALS MODEDROGE IMMER BELIEBTER. Der große Erfolg der Hamburger Zollfahndung ist zugleich ein bedenkliches Signal. Denn er belegt, dass die Nachfrage nach der Luxuspartydroge Kokain in bedenklichen Kurven nach oben schnellt. Hundertprozentig genaue Zahlen gibt es nicht. In EU-Statistiken von 2018 wird davon ausgegangen, dass 2,4 Prozent der 15- bis 64-jährigen Männer und Frauen in Europa Kokain nehmen[2]. Das wäre immerhin etwa eine Verdoppelung seit 2017. Aber die Dunkelziffer ist hoch. Und die Statistik alt.

Experten gehen davon aus, dass die Modedroge als gängiges Rauschmittel längst in der Mitte der Gesellschaft angekommen ist. In speziellen Kokstaxis wird das Zeug inzwischen zu In-Bars etwa im Hamburger Vergnügungsviertel St. Pauli gebracht – Anruf genügt. Daran ändern auch rekordver-

← Container mit den sichergestellten Drogen → Blechkanister mit Drogenpäckchen
↓ Diese Blechkanister dienen zum Transport.
↘ Die Plastikpäckchen lagen unter Spachtelmasse.

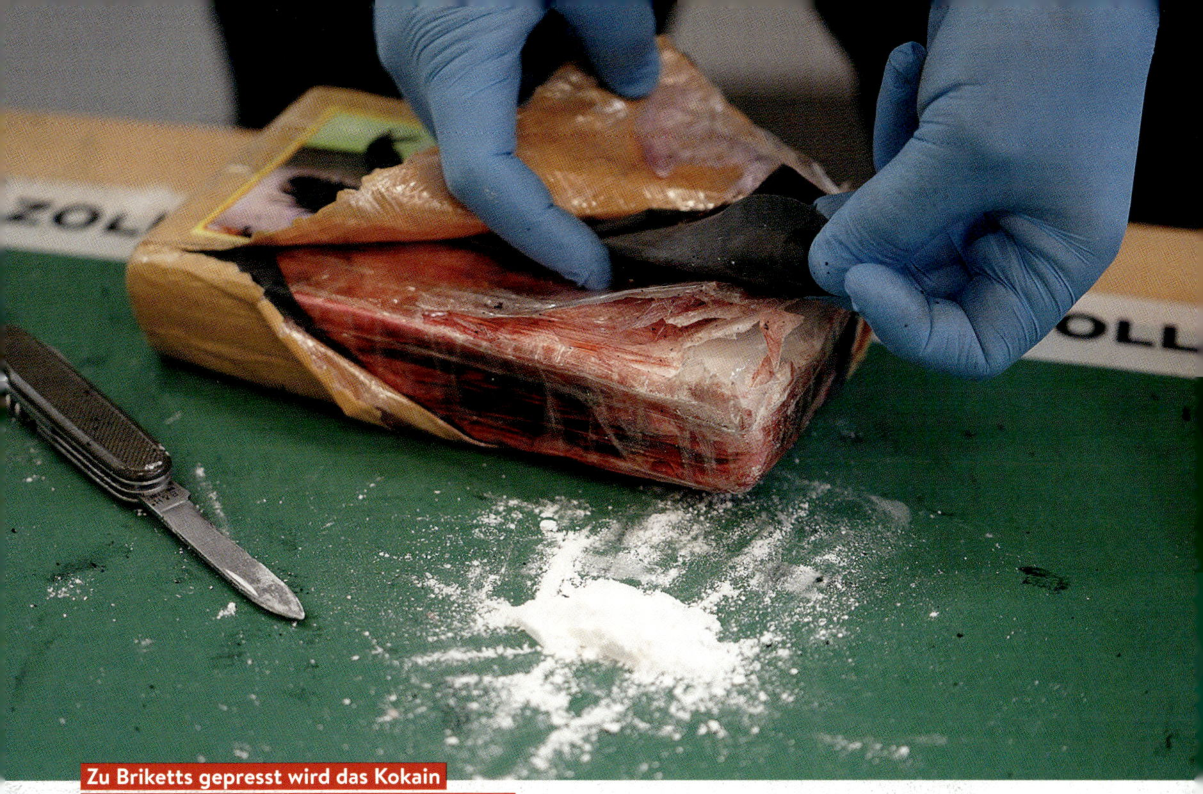

Zu Briketts gepresst wird das Kokain in Containern nach Übersee geschmuggelt.

dächtige Beschlagnahmen wenig. Die Ermittler gehen davon aus, dass für jedes Kilogramm entdecktes Kokain zehn Kilo nicht gefunden werden[3]. Eine ernüchternde Bilanz.

VIEL WARE, VIELE SCHLUPFLÖCHER.

Auch und gerade der Hamburger Hafen erweist sich seit Jahren als Drehpunkt des weltweiten Kokainschmuggels. Die Erklärung dafür liegt für die Fahnder auf der Hand. »Die illegale Ware folgt der legalen Ware«, sagt Stephan Meyns vom Zoll. Und für letztere ist Hamburg einer der wichtigsten Umschlagplätze. Meyns ist schon 25 Jahre dabei, inzwischen ist er Sprecher der Zollfahndung, die für alle deutschen Nord- und Ostseehäfen zuständig ist. Er kennt die Schattenseiten des Hafengeschäftes.

Rund 8,5 Millionen Container werden jährlich in Hamburg umgeschlagen, damit liegt die Elbmetropole auf Platz drei in Europa hinter Rotterdam und Antwerpen. Wo so viel Ware ist, gibt es auch viele Schlupflöcher. Erst recht an einem Anlaufpunkt, der zugleich bevorzugtes Ziel für Linienverkehre aus Süd- und Mittelamerika ist. Für andere beliebte Schmuggelgüter wie Zigaretten oder gefälschte Markenprodukte etwa aus Asien sind andere Destinationen beliebter.

Bei täglich im Schnitt mehr als 23 000 Containern, die an Hamburger Kais vom Schiff auf Lastwagen oder Güterzüge verladen werden, müssen die Fahnder einen heiklen Spagat hinkriegen: Einerseits darf die Leichtigkeit des Warenverkehrs nicht zu sehr eingeschränkt werden, wenn die Wirtschaftskraft des Hafens erhalten bleiben soll. Andererseits darf die Professionalität bei der Bekämpfung des Drogenschmuggels darunter nicht leiden.

DIE RISIKOANALYSE BEGINNT VOR ORT. Deswegen versuchen die Zollfahnder mit einer aufwendigen Risikoanalyse verdächtige Schiffe und Ladungen schon frühzeitig zu identifizieren, oft schon bevor die dicken Pötte ihre Ausgangshäfen verlassen. Wie genau dieser Check abläuft, bleibt aus ermittlungstechnischen Erwägungen Geheimnis der Ermittler. Tipps von Informanten vor Ort gehören dazu, so viel ist klar, aber auch verschiedene Merkmale zu Ladungen und Zielhäfen. Dabei kommt es auf Erfahrung an und auf engen Austausch mit Kollegen aus anderen europäischen Häfen. »Und manchmal auch auf das Bauchgefühl«, sagt einer der Fahnder.

Besonders gern werden Drogen immer noch zwischen Obst gebunkert. Die hochprofessionell organisierten Drogenkartelle in Süd- und Mittelamerika setzen offenbar weiter darauf, dass die Kontrollen bei Obstimporten nicht ganz so streng sind, um Kühlketten nicht zu unterbrechen. Allerdings haben sich die Fahnder darauf längst eingestellt. Wann bei der Zollfahndung die Alarmglocken klingeln, bleibt ebenfalls großes Geheimnis. Nur Ausnahmen werden ab und an gelüftet.

Noch im Hafen werden die Lkw-Container in einer Großröntgenanlage vom Zoll durchleuchtet.

BANANEN FÜR EIN MÖBELHAUS? Ein gern genanntes Beispiel: Wenn etwa Container aus Brasilien mit Bananen vorgeblich für ein Hamburger Möbelhaus an Bord sind, werfen Lieferung und Lieferweg Fragen auf. Denen die Fahnder mit hoher Wahrscheinlichkeit auf den Grund gehen werden. »Denn das kann irgendwie nicht passen«, sagt ein Ermittler. Wenn es in der Praxis nur so simpel wäre.

Denn an Nachschub mangelt es nicht. Und offenbar auch nicht an immer neuen Schmuggelideen. Längst wird das Kokain eben nicht mehr nur einfach zwischen Weintrauben aus Peru, Kaffeebohnen aus Kolumbien oder Tabak aus Brasilien versteckt. Im November 2021 entdeckt der Zoll zum Beispiel 360 Kilogramm Kokain hinter Wartungsklappen in Kühlcontainern mit Obst. Dann wieder stecken Drogen geradezu unauffällig auffällig verpackt in hunderten Sporttaschen, die in einem Container gestapelt sind. Drei Jahre zuvor fällt den Fahndern ein 40-Fuß-Container in einer Schiffsladung auf, in dem zwei VW Bullis aus Brasilien über den Ozean transportiert werden. In einem der Kultbusse ist hinter der Rückbank ein zweiter Boden eingeschweißt. In dem Hohlraum sind immerhin 100 Kilogramm Kokain im Wert von über 20 Millionen Euro gebunkert[4].

LKW-RÖNTGENANLAGE IM HAFEN. Noch auf dem Hafengelände in Waltershof, gut gelegen für die großen Terminals, wer-

Unter großen Sicherheitsvorkehrungen präsentiert die Zollfahndung den Kokainrekordfund.

den verdächtige Lastwagen mit ihrer Ladung in eine Art Großröntgenanlage gefahren und durchleuchtet. Die Aufnahmen der Containerprüfanlage sind so fein, dass sogar zu sehen ist, ob Hohlräume in den Paletten mit irgendwelchen Stoffen gefüllt sind. Oder ob eben in Blechkanistern mit Spachtelmasse auch noch ziegelförmige Pakete stecken. »Die Aufnahmen sind so gut, dass man sogar sehen kann, ob der Lkw-Fahrer einen Schlagring im Führerhaus liegen hat«, sagt ein Fahnder. Und schmunzelt über sein Beispiel.

GROSSES GEHEIMNIS. Sichergestelltes Kokain nötigt der Zollfahndung schnell den nächsten Spagat ab. Denn die Fahnder sind »bestrebt, das Zeug möglichst schnell loszuwerden«, sagt Meyns. Andererseits müssen sie zu anstehenden Gerichtsverhandlungen »eine repräsentative Menge vorhalten für die Beweisführung«. Wie groß die ist, entscheidet die Staatanwaltschaft als Anklagebehörde. Solange werden die beschlagnahmten Drogen an unbekannten Orten aufbewahrt – streng geheim und hochgradig gesichert. Nur ein ganz kleiner Kreis ist eingeweiht. Das gilt auch für Zeitpunkt und Ort der Vernichtung – meistens durch Verbrennung. Und unter strengsten Sicherheitsauflagen.

»Es gibt schließlich Leute, die das Zeug bezahlt haben«, so etwas vielsagend Zollsprecher Meyns. Was er wohl meint: Dass diese Leute Tod und Teufel in Bewegung setzen könnten, den Sicherheitsbehörden die heiße Ware wieder abzujagen.

1) Pressemitteilung Zollfahndungsamt vom 24. Februar 2021;

2) ZDF »heute« vom 25. Februar 2021;

3) NDR vom 24. Februar 2021;

4) autobild vom 30.11 2018

Journalisten warten nach der Geiselnahme im Polizeipräsidium auf Informationen.

9

STICHWORT ANN KATHRIN

Die Reemtsma-Entführung

Gut vier Wochen ist der Erbe des Tabakkonzerns Opfer einer spektakulären Geiselnahme, bis er gegen Zahlung des Lösegeldes freigelassen wird.

ALLTAG IN ZWEI HÄUSERN. Es ist kurz nach der Tagesschau, als Jan-Philipp Reemtsma sein Wohnhaus verlässt und die wenigen Meter zu seinem Arbeitshaus hinübergeht. Schon seine Lebenssituation ist ungewöhnlich, selbst für einen Wohlhabenden. Und die Bezeichnung »Arbeitshaus« ist es auch. Mit dem Begriff beschreibt die Polizei die Wohnverhältnisse der Familie Reemtsma, und er wird seit dem Verbrechen, das die Familie in Angst und Schrecken versetzt, zum offiziellen Sprachgebrauch.

»Tatsächlich leisten wir uns den Luxus, in zwei Häusern zu leben, in derselben Straße, vielleicht 50 Meter voneinander entfernt«. So erklärt es Reemtsma später in seinem Buch[1]. »Das eine Haus enthält meine Bibliothek und meinen privaten Arbeitsplatz, das andere den meiner Frau«, schreibt er. Das ist das sogenannte Wohnhaus, wo der Alltag der Familie stattfindet: Wo das Kinderzimmer des Sohnes zum Beispiel ist, und wo die Haustiere ihre Plätze haben, damals immerhin drei Katzen und zwei Hunde.

Jan-Philipp Reemtsma ist Millionenerbe des gleichnamigen Tabakkonzerns, Kultur- und Wissenschaftsmäzen, renommierter Philologe und Sozialforscher, Gründer des Hamburger Instituts für Sozialforschung und lange dessen Vorstand und Leiter. Seine Frau Ann Kathrin Scheerer ist Psychoanalytikerin. Man muss das wissen, um die Dimension des Verbrechens zu verstehen, das am 25. März 1996 seinen Anfang nimmt.

HANDGRANATE AUF DER MAUER. Die Hauptnachrichtensendung der ARD ist also gerade vorbei, als Reemtsma, damals 43, wie so oft hinüber zu seinem Arbeitshaus geht. Aber nicht wie meistens, um noch ein paar Stunden in Ruhe am Schreibtisch zu sitzen und zu arbeiten. Stattdessen will er an diesem Abend früh ins Bett und »nur noch rüber, um ein Buch zu holen«. Als er spät immer noch nicht zurück ist, wundert sich seine Frau (41) und geht nach ihm sehen.

Das Haus ist leer, von ihrem Mann keine Spur. Auf einer Mauer findet sie ein Blatt Papier, mit einer Handgranate beschwert: »WIR HABEN HERRN REEMTSMA ENTFÜHRT«, steht darauf mit drei Ausrufezeichen. Die Unbekannten fordern ein Lösegeld von 20 Millionen Mark. Und stellen Bedingungen: »NUR GEBRAUCHTE TAUSENDER KEINE SERIEN ZUSAMMEN 18 000 SCHEINE KEINE MARKIERUNGEN – CHEMISCH ODER UNTER UV-INFRAROTLICHT SICHTBAR WIRD VON UNS GEPRÜFT!!!«, so heißt es in etwas ungelenken Worten[2] und ohne Punkt und Komma.

LEBENSZEICHEN NACH ZWEI TAGEN. Erst sehr viel später wird klar, was genau passiert ist. Reemtsma wird vor dem Arbeitshaus »niedergeschlagen, gefesselt, weggeführt und per Auto verschleppt«. So sachlich

Die Entführer präsentierten ihre Geisel Ermittlern und Familie auf einem Polaroid-Foto.

↑ Zeitungsbotschaften der Familie an die Entführer
↓ Fahndungsfoto der Polizei von Thomas Drach

schildert er es später in seinem Buch. Seine Frau, »erst ärgerlich, dann beunruhigt« darüber, dass er entgegen seiner Ankündigung doch so lange wegbleibt, sucht gegen Mitternacht nach ihm. Zu diesem Zeitpunkt ist die in vielerlei Hinsicht wohl spektakulärste Entführung der Republik schon gut drei Stunden alt. Zwei Tage später gibt es ein erstes Lebenszeichen.

Vier Wochen und fünf Tage, so lange wie in keinem vergleichbaren Fall, bleibt Reemtsma in der Gewalt seiner Entführer. 30 Millionen Mark zahlt seine Familie schließlich für die Freilassung, so viel wie für keine andere Geisel mit berühmtem Namen oder reichen Angehörigen zuvor. Und bis zu seiner Freilassung nach 33 Tagen spielen die Medien das böse Spiel mit, keine auch noch so kleine Information dringt nach außen – bis sich Jan-Philipp Reemtsma am 27. April 1996 »erschöpft und glücklich« wieder in Freiheit meldet[3].

GETARNTE BOTSCHAFTEN. Bis dahin ist es ein langer und manchmal fast hoffnungsloser Weg. Es gibt Kontakte. Die Erpresser schicken ein Foto, das Reemtsma in Jogginghose mit einer aktuellen Ausgabe der BILD-Zeitung vor der Brust zeigt, drohen, ihm einen Finger abzuschneiden: »Eine gebrochene Nase hat er bereits.« Seine Frau sendet verklausulierte Botschaften getarnt als Kleinanzeigen, »Stichwort Ann Kathrin«. Die erste Geldübergabe scheitert gut eine Woche nach der Entführung. Der Volvo, der zur Übergabe bestimmt ist, steht zu weit weg vom Wohnhaus bei der Polizei, die trotz aller Warnungen eingeschaltet ist. Es geht wertvolle Zeit verloren.

Dann finden Reemtsmas Frau und ein befreundeter Anwalt die Straßenkreuzung in Bahrenfeld nicht, an dem die Übergabe stattfinden soll. Sie entpuppt sich schließlich als

↑ Mit dem Hubschrauber wurde der Angeklagte Drach 2000 zum Prozess nach Hamburg geflogen.

→ Cover zur SPIEGEL-Titelgeschichte ↓ Opfer Reemtsma zum Prozess 2000 im Gericht

Einmündung eines Gehwegs auf eine Hauptstraße – da ist die Frist knapp, aber immerhin um zwei Minuten, abgelaufen. Auch die Angaben der Entführer für einen Plan B und andere Übergabeorte erweisen sich als falsch. Die Angst um das Leben des Entführten steigt.

STREIT UM GEHEIMHALTUNG. Die Nervosität bei der 200 Mann starken Sonderkommission der Polizei nimmt zu. Die Taktik ist umstritten, insbesondere die Geheimhaltung. Immerhin gibt es andere Fälle, in denen öffentlicher Druck zur panikartigen Freilassung der Geisel geführt hat, wie etwa beim Enkel des Verlegers Axel Springer 1985[4]. Die Polizei präpariert ein Double für den Rechtsanwalt, der als Überbringer des Reemtsma-Lösegeldes fungieren soll. Sie will für alle Fälle vorbereitet sein.

Die zweite Übergabe des Lösegeldes scheitert in den frühen Nachtstunden des 14. April auf einem Rastplatz bei Trier. Das Drama beginnt mit einer erneuten Panne. Die Polizistin, die den Anwalt zunächst nach Luxemburg fahren soll, vergisst ihren Personalausweis zu Hause, sie kommen erst mit Verspätung los. Auf dem Parkplatz »Markusberg« wirft der Anwalt schließlich wie gefordert einen großen Sack mit dem Lösegeld über den Zaun. Es passiert nichts. Die heimlichen Polizeibeobachter werden nervös, haben Angst um die Kohle. Nach etwa 45 Minuten kontrollieren sie als unauffällige Autofahrer getarnt die Lage. Der Sack ist noch da. Das bleibt mehr als drei Stunden so. Die Entführer lassen sich nicht blicken. Sie haben offenbar Verdacht geschöpft.

DIE POLIZEI IST RAUS. Nach der zweiten Pleite ist die Polizei nicht mehr im Spiel. Der Entführte selbst meldet sich aus seinem Verlies und bringt zwei neue Vermittler ins Spiel. Einer davon ist der Hamburger Pastor Christian Arndt. Mit ihm hat Reemtsma schon die Verhandlungen um die besetzten Häuser an der umkämpften Hafenstraße geführt. Als Dritter kommt ihr gemeinsamer Freund dazu, der Sozialarbeiter Michael Herrmann. Beide, Arndt und Herrmann, gelten in Hamburg als stadtbekannte Polizeikritiker, die Ermittler sind damit endgültig raus. Die Entführer sind davon offenbar überzeugt. Die Lösegeldforderung hat sich inzwischen allerdings auf 30 Millionen Mark erhöht. Die Summe liegt je zur Hälfte in Mark- und Frankenscheinen vor. Ein dunkelroter Opel Astra Kombi für die Übergabe ist gemietet.

Am Mittwoch, 24. April, ist es endlich soweit. Arndt und Herrmann werden mit dem Wagen nach Krefeld gelotst. Auf einem freien Feld lassen sie das Auto mit dem Geld stehen und entfernen sich. Diesmal klappt die Übergabe. Die Entführer holen das Lösegeld und halten sich an ihr Wort. Sogar noch fünf Stunden vor Ende der angekündigten 48-Stunden-Frist lassen Sie Reemtsma in einem Wald bei Harburg, südlich der Elbe, frei. Es ist der 26. April 1996, kurz vor Mitternacht.

IN KETTEN IM KELLER. Später findet die Polizei heraus, dass der Entführte im Keller eines Hauses in Garlstedt nördlich von Bremen festgehalten und zum Teil in Ketten gelegt wurde. Als Kopf und Haupttäter wird Thomas Drach ermittelt. Noch 1996 nimmt die Polizei zwei seiner Komplizen fest, ein Dritter stellt sich 1999. Drach wird 1998 in Buenos Aires verhaftet. Die Ermittler kommen ihm auf die Spur, als sie Telefongespräche zwischen ihm und einem deutschen Freund belauschen. Zwei Jahre später liefern ihn die argentinischen Behörden aus.

Das Hamburger Landgericht verurteilt Drach ein Jahr nach seiner Auslieferung zu

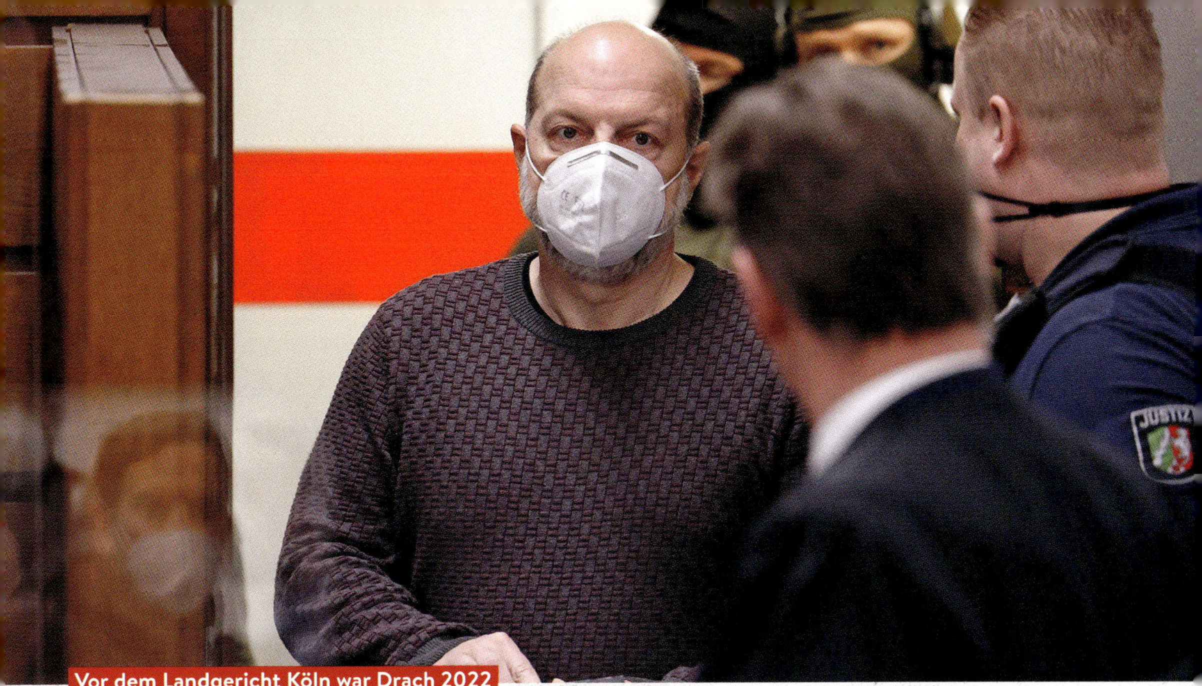

Vor dem Landgericht Köln war Drach 2022
erneut angeklagt wegen Mordversuchs und schwerem Raub.

14 Jahren und sechs Monaten Freiheitsstrafe, Erst Ende Oktober 2013 kommt er frei. Nur etwa 1,5 Million Mark der Beute können sichergestellt werden, ein Teil ist womöglich bei der Geldwäsche draufgegangen oder für Kosten zum Untertauchen[5]. Vier Millionen will Drachs Bruder Lutz gewaschen haben. Der Rest bleibt verschwunden. Bis heute gibt es keine Spur, auch nicht für die 12 Millionen Schweizer Franken als Teil des Lösegeldes. Diese Banknoten sind inzwischen wertlos. Die Serie ist aus dem Verkehr gezogen worden. Die Scheine könnten nur persönlich bei der Nationalbank der Schweiz gegen gültige Banknoten eingetauscht werden.

NEUERLICHER PROZESS GEGEN DEN ENTFÜHRER. Anfang des Jahres 2022 steht Thomas Drach erneut vor Gericht, diesmal in Köln. Das Landgericht verhängt die höchste Sicherheitsstufe. Aus Angst, Drach könnte von Komplizen befreit werden. Ihm wird die Beteiligung an Überfällen auf mehrere Geldtransporte 2018 und 2019 zur Last gelegt, in zwei Fällen soll er auf Wachleute geschossen haben. Der Vorwurf diesmal auch: versuchter Mord[6].

»Mein Sohn bekam tatsächlich einen fremden Vater zurück«, schreibt Reemtsma später in seinem Buch über den Augenblick des ersten Wiedersehens im Krankenhaus. »Ich war unsicher auf den Füßen, sprach schnell, hastig, manisch, wollte berichten«, erzählt er. Sie umarmten sich – »so zärtlich wie möglich, so Vater-Sohn-sachlich wie nötig. Ein Blick auf meinen Bart, denn einen Rasierapparat hatte es im Keller nicht gegeben«. Sein Sohn Johann hatte, wie Reemtsma später erfuhr, nicht mehr damit gerechnet, seinen Vater lebend wiederzusehen.

1) Jan-Philipp Reemtsma: »Im Keller«, Rowohlt Taschenbuch, 1998;
2) Reemtsma-Buch ebenda;
3) DER SPIEGEL 18/1996;
4) ebenda;
5) NDR Geschichte vom 1. Februar 2022;
6) www1.wdr.de vom 31. Januar 2022

10

BOCKBEINIGER MEPHISTOJÜNGER

Der Lord von Barmbeck

Als berüchtigter Geldschrankknacker und Serieneinbrecher geht der stets gut gekleidete Frauenheld in die Geschichte ein.

Im Obergeschoss dieses Wohnhauses war 1920 das von Petersen überfallene Postamt untergebracht.

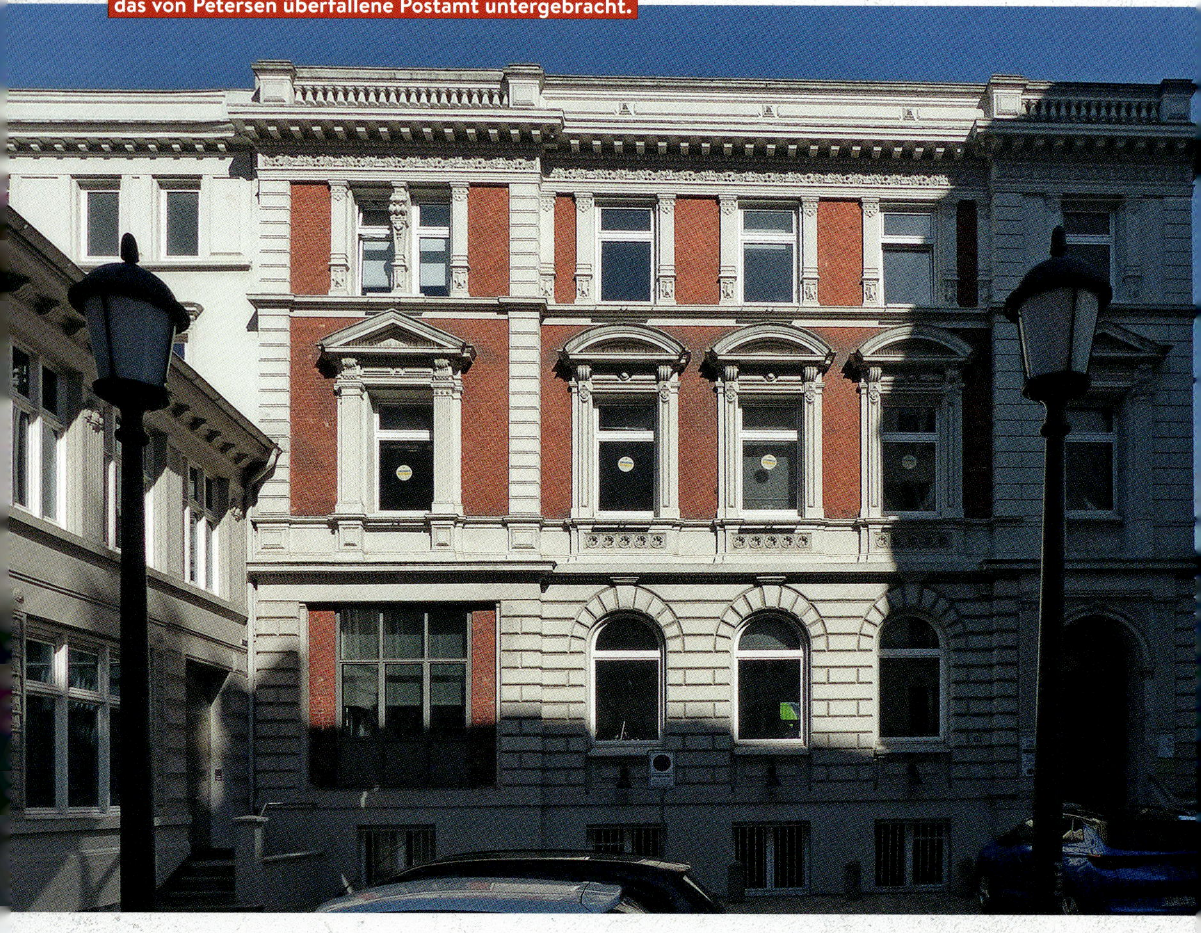

STIL UND HALTUNG. Julius Adolf Petersen ist ein Mann von Stil. Er legt Wert auf Haltung und tadellose Kleidung. Wenn er das Haus verlässt, dann wohl nie ohne seinen steifen Hut, der zu einem Markenzeichen wird. Das einzig wahrhaftig überlieferte Foto zeigt ihn im schwarzen frackähnlichen Anzug mit Melone, Binder und lackierten Schuhen. Selbst seine ärgsten Gegner loben seine »Ritterlichkeit« und seinen »Gerechtigkeitssinn«. Er gilt als »ganz intelligenter Mensch, mit gutem Gedächtnis und guten Manieren«.

Petersen geht als »Lord von Barmbeck« in die Geschichtsbücher ein. Aber er ist alles andere als ein Gentleman. Er ist in den zwanziger Jahren des vorigen Jahrhunderts der wohl berüchtigtste Ganove der Stadt. Mindestens 200 Einbrüche, Überfälle und Räubereien gehen auf sein Konto. In seinen Lebenserinnerungen, die er später im Gefängnis zu Papier bringt, nennt er sich einen »bockbeinigen Mephistojünger, dem Fluch der bösen Tat erlegen«[1].

AUFGEWACHSEN IN ÄRMLICHEN VERHÄLTNISSEN. Seine Eltern ziehen 1896, vier Jahre nach seiner Geburt, in den südlichen Teil des Hamburger Stadtteils Barmbek, der damals noch »Barmbeck« geschrieben wird. Petersens Vater ist einfacher Arbeiter in einer Zigarettenfabrik. Der Junge wächst in ärmlichen Verhältnissen in einem schmucklosen Arbeiterquartier auf, das Ende des 19. Jahrhunderts von wenigen Tausend Einwohnern förmlich explodiert – auf fast 100 000. Heute wird das Quartier »Komponistenviertel« gerufen und ist mit seiner Lebensqualität beliebt bei jungen Familien.

Petersen ist gerade mal 13 Jahre alt, als er zum ersten Mal eine Gefängnisstrafe aufgebrummt bekommt – fünf Tage[2], weil er einem Spielkameraden die gut gefüllte Geldbörse abzieht, angeblich im Tausch für ein paar Süßigkeiten. Nachdem er einem Lehrer ein gefülltes Tintenglas ins Gesicht wirft, traut er sich für einige Wochen nicht nach Hause und hält sich mit kleinen Gaunereien über Wasser. Es ist der Anfang seiner Ganovenkarriere, wie er später selbst beschreibt: »In diesen vier Wochen hatte ich Gift getrunken, in vollen Zügen.«

KNEIPENWIRT MIT ZWEIFELHAFTEM RUF. Im Souterrain des Eckhauses macht Petersen 1904 eine Kneipe auf, in der vor allem Arbeiter und Einbrecher einkehren. Unter seinesgleichen hat die »Kaschemme«, wie er sie gern nennt, schnell eine Art Kultcharakter. Nach der Sperrstunde wird die Spelunke zu einem illegalen Spielklub. »Der ordentliche Bürger räumte zweifelhaftem Publikum das Feld«, schreibt er über diese Tage. Und: »Als Wirt lernte ich manchen Kunden kennen, dem ich hätte lieber weit aus dem Weg gehen sollen.« Späte Einsichten. Zu seiner Zeit als Kneipenwirt ist davon keine Rede. Als die Polizei einen Delinquenten aus seinem Schankraum abführen will, schmeißt er zwei Schutzmänner eigenhändig raus. Und verhindert die Festnahme seines Kneipengasts[3]. Das nährt seinen Ruf.

Als er 1908 erneut für mehrere Jahre in den Knast kommt, gibt seine Familie die anrüchige Kneipe auf. Petersen wird Kopf einer Bande, die sich erst »Barmbecker Einbrechergesellschaft« nennt und später »Petersen-Konzern«, beruflich verändert er sich nicht. Petersen macht sich einen Ruf als Geldschrankknacker, indem er Tresore geschickt in Handarbeit aufbohrt. Und er traut sich was: Oft schleicht er sich mit Komplizen nachts in fremde Schlafzimmer und klaut einfach die Tresorschlüssel aus dem Nachttisch des betuchten Besitzers, während der selig schläft.

LIEBESSPIEL IM POSTAMT. Seinen wohl spektakulärsten Coup landet Petersen 1920 beim Überfall auf ein Postamt. »In der Nacht zum 30. September d. J. wurden aus dem hiesigen Postamt 6 in der Susannenstraße von 6 maskierten Männern, die sich mittels Einbruchs durch den Keller von der Hofseite aus Eingang verschafft und den wachhabenden Postbeamten unter Waffenanwendung in einen Schrank eingesperrt hatten, nach Aufknabbern eines Geldschranks etwa 222 500 Mark und 356 000 Mark Briefmarken geraubt.« Was sich in einem Fahndungsaufruf der Polizei (»M 10 000 Belohnung«) vergleichsweise nüchtern liest[4], war ein dreister und clever ausgeklügelter Raub, bei dem ihm und seinen Komplizen auch noch Glück zugutekommt. Denn der Wächter ist in einem Seitenraum mit einem weiblichen Gast beschäftigt und abgelenkt, während Petersen und seine Kumpane ungestört ein Kellerfester des Postamts im Schanzenviertel aufbrechen. »Der Wächter in seinem Liebesrausch hörte nichts davon«, erzählt Petersen später in seinen Memoiren. Wie erfolgreich der Wachmann bei seiner Angebeteten war, ist nicht überliefert. Wohl aber, dass die Einbrecher ihn in einen Schrank sperren, nachdem das Mädchen weg ist.

HANDSCHRIFT MIT KNABBERZANGE. Der Verdacht fällt schnell auf den »Lord von Barmbeck«. So hat ihn inzwischen das Hamburger Fremdenblatt getauft. »Ihrer Arbeit nach scheint es sich um gewerbsmäßige Einbrecher zu handeln, die zum Aufknabbern des Geldschranks eine 1½ cm breite Zange

Im Souterrain dieses Barmbeker Eckhauses führte der Einbrecherkönig privat eine Kneipe.

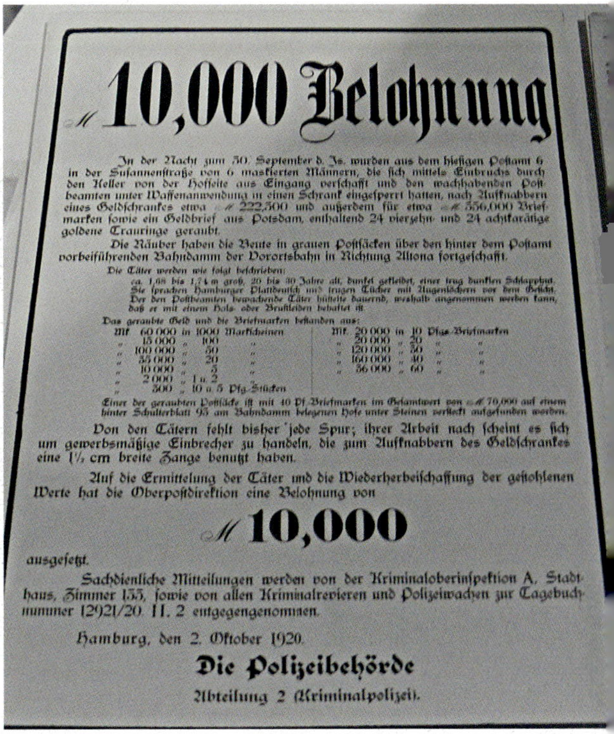

ℳ 10,000 Belohnung

In der Nacht zum 30. September d. Js. wurden aus dem hiesigen Postamt 6 in der Susannenstraße von 6 maskierten Männern, die sich mittels Einbruchs durch den Keller von der Hofseite aus Eingang verschafft und den wachhabenden Postbeamten unter Waffenanwendung in einen Schrank eingesperrt hatten, nach Aufknabbern eines Geldschrankes etwa ℳ 222,300 und außerdem für etwa ℳ 356,000 Briefmarken sowie ein Geldbrief aus Potsdam, enthaltend 24 vierzehn- und 24 achtkarätige goldene Trauringe geraubt.

Die Räuber haben die Beute in grauen Postsäcken über den hinter dem Postamt vorbeiführenden Bahndamm der Vorortsbahn in Richtung Altona fortgeschafft.

Die Täter werden wie folgt beschrieben:

ca. 1,68 bis 1,74 m groß, 20 bis 30 Jahre alt, dunkel gekleidet, einer trug dunklen Schlapphut. Sie sprachen Hamburger Plattdeutsch und trugen Tücher mit Augenlöchern vor dem Gesicht. Der den Postbeamten bewachende Täter hüstelte dauernd, weshalb angenommen werden kann, daß er mit einem Hals- oder Brustleiden behaftet ist.

Das geraubte Geld und die Briefmarken bestanden aus:

Mk 60 000 in 1000 Markscheinen				Mk. 20 000 in 10 Pfgs.-Briefmarken		
„ 15 000 „ 100 „				„ 20 000 „ 20 „ „		
„ 100 000 „ 50 „				„ 120 000 „ 30 „ „		
„ 35 000 „ 20 „				„ 160 000 „ 40 „ „		
„ 10 000 „ 5 „				„ 36 000 „ 60 „ „		
„ 2 000 „ 1 u. 2						
„ 300 „ 10 u. 5 Pfg.-Stücken						

Einer der geraubten Postsäcke ist mit 40 Pf.-Briefmarken im Gesamtwert von ℳ 70,000 auf einem hinter Schulterblatt 93 am Bahndamm belegenen Hofe unter Steinen versteckt aufgefunden worden.

Von den Tätern fehlt bisher jede Spur; ihrer Arbeit nach scheint es sich um gewerbsmäßige Einbrecher zu handeln, die zum Aufknabbern des Geldschrankes eine 1½ cm breite Zange benutzt haben.

Auf die Ermittelung der Täter und die Wiederherbeischaffung der gestohlenen Werte hat die Oberpostdirektion eine Belohnung von

ℳ 10,000

ausgesetzt.

Sachdienliche Mitteilungen werden von der Kriminaloberinspektion A, Stadthaus, Zimmer 133, sowie von allen Kriminalrevieren und Polizeiwachen zur Tagebuchnummer 12921/20. II. 2 entgegengenommen.

Hamburg, den 2. Oktober 1920.

Die Polizeibehörde

Abteilung 2 (Kriminalpolizei).

↑ Ein Originalgeldschrank im Polizeimuseum …
↗ … neben dem offiziellen Fahndungsplakat

benutzt haben«. Es ist die Handschrift Petersens, die so im Fahndungsaufruf noch sachlich neutral geschildert wird. Die sogenannte »Knabberzange« wird als gleiches Handwerkszeug identifiziert, das schon einige Jahre zuvor von »gewerbsmäßigen Geldschrankeinbrechern« benutzt wurde, bringt ein Ermittler zu Protokoll, das im Hamburger Polizeimuseum einzusehen ist. Auch, dass »die Täter Hamburger Plattdeutsch gesprochen« haben, bringt die Polizei alsbald auf Petersens Spur. Zu Optimismus sieht sie trotzdem wenig Anlass: »Doch wird man ihm infolge seiner Schlauheit auch diesmal nicht beikommen können«, fürchtet der Ermittler in seinem Protokoll[5].

Es sind Petersens Frauen, die ihm immer wieder aus der Bredouille helfen – durch falsche Alibis. Noch als Kneipenwirt verliebt sich der »Lord von Barmbeck« in eine Frau von der Heilsarmee. 1911 heiratet er Helmi, 1915 bekommen sie einen Sohn. Er liebt die »Blondine von der Heilsarmee« leidenschaftlich, ohne dass die seine Zuneigung recht erwidert. »Wie war es möglich, an dieses Weib ohnmächtig gekettet zu sein?«, wundert er sich noch in seinen Memoiren[6]. Später ist es seine Geliebte Frida Goedje, der er sogar eine kleine Pension in den »Colonnaden« an der Hamburger Binnenalster kauft. Den Preis von 100 000 Mark zahlt er aus seiner Beute.

ÜBERFALL AUF DIE POSTKUTSCHE. Petersen ist inzwischen ein vergleichsweise reicher Mann, spätestens nach dem Überfall auf einen Geldtransport der Trabrennbahn Farmsen, schon bald nach dem ungebetenen

Besuch des Postamtes. Petersens Bande stoppt und plündert die Kutsche auf offener Straße wie in einem schlechten Westernfilm. Und türmt. Sein Anteil an der Beute beträgt 40 000 Mark. Im Juni 1921 wird er nach einem weiteren Einbruch geschnappt. Die Polizei erwischt ihn in der Pension seiner Geliebten, als er »gerade einem Kleiderschrank« entsteigt.

Noch aus seiner Zelle heraus versucht er in geschmuggelten Kassibern zum wiederholten Mal, ein Alibi zu organisieren. Er sei zur Tatzeit bei der Verlobung seiner Schwester gewesen, will er den Vernehmern glaubhaft machen. Dazu lässt er sogar einen Verlobungsring mit Datum anfertigen. Die Sache fliegt auf. Aber er gesteht nichts. Abends wird er in »Folterketten« gelegt. Aber selbst dadurch ließ er sich »seelisch nicht derart deprimieren, dass ich die gewünschten Geständnisse ablegte«, schreibt er in seinen Aufzeichnungen.

FRIDAS UNGLÜCK. Als erste knickte seine Geliebte Frida Goedje ein. Im November 1921 kann sie nicht mehr. »Ich hätte es auch schon eher gesagt, wenn ich nicht zu sehr im Banne von Petersen gestanden hätte und auch seine Rache hätte fürchten müssen«, sagt sie[7]: »Zu viel Unglück brachte er über mich und über andere.«

Sechs Monate später, am 20. April 1922 gibt auch Petersen auf. 49 Verbrechen gibt er zu und schildert sie in allen Einzelheiten. Warum er schließlich doch klein beigab? Darüber allerdings schweigt er sich beharrlich aus. Auch in seinen Memoiren. Der Prozess gegen ihn ist ein öffentliches Ereignis. Jedes Verbrechen wird einzeln verhandelt, die Zeitungen sind voll. Allein für den Einbruch ins Postamt wird er zu sechs Jahren Zuchthaus verurteilt. Am Ende summieren sich die Einzelstrafen auf mehr als 50 Jahre und werden zu einer Gesamtstrafe von 15 Jahren Zuchthaus zusammengefasst.

TITELFIGUR FÜR FILM UND THEATER. Seine Memoiren als »Lord von Barmbeck«, die er 1927 in der Zelle schreibt, werden 1973 von Ottokar Runze verfilmt, mit Martin Lüttge in der Hauptrolle. Das Werk erhält zwei Bundesfilmpreise und den »Bambi« für den besten deutschen Film. 2005 bringen Frank Göhre, Ulrich Tukur und Ulrich Waller das biografische Stück gleichen Titels auf die Bühne des »St. Pauli Theater«. Das Wohnhaus in Barmbek »Beim alten Schützenhof 20«, in dem seine Kellerkneipe lag, wird 2013 unter Denkmalschutz gestellt.

ENDE AM HAKEN. Wegen guter Führung wird Petersen 1932 für sechs Monate probeweise beurlaubt. Der gute Wille mag vorhanden sein, doch der Versuch geht schief. Er tut sich mit einem stadtbekannten Raubmörder zusammen. Am 26. Oktober 1933 wird er zum wiederholten Male verhaftet. Knapp vier Wochen später ist er tot. Sein Ende ist wenig stilvoll. Der »Lord von Barmbeck« erhängt sich am 21. November 1933 in seiner Zelle – »mit zwei zusammengeknoteten Strümpfen und mit Hilfe eines Taschentuches an dem Haken der Luftklappe«.

---

1) Julius Adolf Peters und Helmut Ebeling (Hrsg.) »Der Lord von Barmbeck: Das Leben des berüchtigten Ein- und Ausbrechers Julius Adolf Petersen, von ihm selbst erzählt«; Rowohlt Verlag Reinbek, 1973
2) NDR; Der »Lord von Barmbeck«: Hamburger Ganovenkönig mit »Stil« vom 29.6.2021;
3) NDR vom 29.6.2021;
4) Polizeimuseum Hamburg, ständige Ausstellung;
5) Polizeimuseum ebenda;
6) Petersen in seinen Memoiren;
7) NDR ebenda

Das einzige Originalfoto vom Lord von Barmbeck ist im Polizeimuseum dokumentiert.

In einer Leipziger Buchhandlung signiert der ehemalige Erpresser Arno Funke 1999 seine Bücher.

11

ANRUF VON ONKEL DAGOBERT

Der Karstadt-Erpresser

Zwei Jahre lang hält der Bombenbauer mit seinen Tricks und Finten die Polizei zum Narren und belustigt die schadenfrohe Öffentlichkeit.

ERPRESSUNG AM TELEFON. Das grüne Tastentelefon im Obergeschoss des Polizeimuseums klingelt. Am Apparat ist ein Mann mit hoher Fistelstimme. »Guten Morgen, hier ist Onkel Dagobert«, sagt der Anrufer. »Wir wollen es ja heute noch einmal versuchen.« Es geht um Geld, viel Geld. Er scheint etwas außer Atem, seine Stimme klingt verzerrt: »Beim letzten Mal scheint die Telefonzelle nicht in Ordnung gewesen zu sein.«

Der Anrufer ist ein Erpresser. Was noch einmal versucht werden soll, das ist die Übergabe des geforderten Lösegelds an ihn. »Dagoberts« Gesprächspartner will alles ganz genau wissen, damit nicht wieder etwas schiefgeht. Und das Geld verloren ist. »Schließlich bin ich ja von Karstadt«, erklärt er besänftigend, ganz der solide Kaufmann. Aber Dagobert ist unruhig. »Meine Karte ist gleich zu Ende«, sagt er noch. Und bevor er auflegt: »Ich rufe sie zwischen 19 und 20 Uhr noch mal an.« Dann ist die Leitung tot.

BOMBEN IN KAUFHÄUSERN. Es ist der 22. April 1994, vormittags um 10.14 Uhr, als der Erpresser das letzte Mal mit einem vermeintlichen Mitarbeiter des Kaufhauskonzerns Karstadt telefoniert und das Gespräch aufgezeichnet wird. Ein Originalmitschnitt ist im Polizeimuseum Hamburg zu hören. Als »Dagobert« aufhängt und die Telefonzelle in Berlin-Treptow verlässt, wird er von Beamten des MEK überwältigt und festgenommen.

Ein zwei Jahre langes Katz-und-Maus-Spiel findet damit doch noch sein Ende. Lange sah es nicht danach aus. 30 Geldübergaben scheiterten, mehrere Bomben explodierten in Kaufhäusern, »Dagobert« führte die Polizei an der Nase herum. Am Ende sehr zur Schadenfreude der Medien und der Öffentlichkeit. Die Ermittler standen wie »die Deppen der Nation« da, erinnert sich der Hamburger Kriminalrat Ulrich Tille[1]. 22 Monate war er Chef der Sonderkommission, fast zwei Jahre lang leitete er die Ermittlungen, die lange an das alte Kinderspiel »Räuber und Gendarm« erinnerten.

Als am 14. Juni 1992 im Kaufhaus in der Hamburger City eine Bombe hochgeht, ahnt noch niemand, welches Ausmaß der Fall einmal annehmen wird. Kurz nach Mitternacht explodiert in der Porzellanabteilung des Karstadt-Flaggschiffs in der Mönckebergstraße ein Sprengsatz und richtet erheblichen Sachschaden an. Es ist eine Warnung. Der Konzern soll eine Million Mark an einen unbekannten Erpresser zahlen. Die Bereitschaft dazu soll in einer Zeitungsanzeige erklärt werden. »Onkel Dagobert grüßt seinen Neffen«, soll die Botschaft lauten. Die Idee zum Namen, der später zu seinem Markenzeichen wird, hat der Erpresser von einem pinkfarbenen Turnbeutel, in dem er das Lösegeld einsacken will. So erzählt er es später selbst.

EIN SCHILDERMALER BRAUCHT GELD. Was zu diesem Zeitpunkt noch niemand ahnt: Der Erpresser ist derselbe, der bereits vier Jahre zuvor 500 000 Mark vom Berliner Edelkaufhaus »KaDeWe« erpresst hatte, nachdem dort bei einer Explosion ein Sachschaden von 250 000 Mark entstanden war. Erst sehr viel später werden die Ermittler erfahren, dass der Berliner Schildermaler Arno Funke hinter den Anschlägen steckt. Offenbar ist ihm das Geld ausgegangen, als er in Hamburg einen neuen Anlauf nimmt.

Nachdem erste Geldübergaben scheitern, erhöht der Erpresser im März 1993 seine Forderung auf 1,4 Million Mark. Er verleiht ihr mit weiteren Bombenanschlägen Nachdruck. Bei Karstadt Bremen beläuft sich der Wasserschaden nach einem Brandanschlag auf mehrere Millionen Mark. Bei der Detonation einer Rohrbombe in einem Kaufhausfahrstuhl in Hannover werden zwei Personen leicht verletzt. Es folgen Anschläge in Bielefeld und Berlin, immer ist Karstadt das Ziel.

ERFOLGREICHE TÄUSCHUNG, JEDOCH WERTLOSE BEUTE. Die Hamburger Sonderkommission steht lange vor einem Rätsel. Der Erpresser scheint intelligent und trickreich. Geldübergaben scheitern immer wieder an seiner Vorsicht. Und an seinem Einfallsreichtum. Bei der ersten Übergabe noch im Sommer 1992 soll die Geldtasche außen an einem IC-Waggon der Deutschen Bahn angebracht werden und mit einer Fernsteuerung gelöst werden können. Aber der Täter täuscht die Polizei und löst den Magnetmechanismus früher aus als besprochen. Doch auch er wird geleimt: Seine Beute sind wertlose Papierschnipsel. Im April 1993 soll das Lösegeld in einer Kiste mit Streusand in Berlin-Britz deponiert werden. Die Polizei ist vorbereitet, übersieht aber den Gullydeckel unter der Sandkiste. Als der Peilsender mit Bewegungsmelder anschlägt, der in der Geldtasche steckt, hält die Polizei das für einen technischen Defekt. Schließlich ist weit und breit niemand zu sehen. Tatsächlich sitzt Funke unter dem Gullydeckel in der Kanalisation und stemmt von dort den Boden der Kiste auf. Er entkommt – wiederum mit einer Tasche voll Papier. »Das war gut gemacht«, erkennt später der Hamburger Ermittler Michael Daleki an, Polizeiführer während der gesamten Ermittlungen. Die Medien spotten: »Dagoberts Gullytrick – gluck, gluck, weg«[2].

PLEITE AM BAHNDAMM. Einmal sind die Beamten bei einer Observation fast erfolgreich. Bei einem erneuten Übergabeversuch an einem Bahndamm rutscht einer der beiden Ermittler aber im entscheidenden Moment aus, sein Kollege versucht den auf einem Fahrrad flüchtenden Täter festzuhalten statt ihn einfach nur umzuschubsen, Funke kann entkommen. Berlin wird nach der Pleite immer mehr zum Mittelpunkt, die Hamburger Sonderkommission wird mit Berliner Kollegen zusammengelegt. Anfang 1994 kommt es zum vielleicht spektakulärsten Übergabeversuch. Auf einem stillgelegten Bahngleis in Berlin-Charlottenburg soll eine selbstgebaute Minilore die Beute einige Hundert Meter weit auf der Schiene zum Erpresser fahren. Funke hat das Bahngelände mit Stolperdrähten und Signalraketen präpariert und fühlt sich wohl ziemlich sicher. Rund 30 Meter vor ihrem Ziel kippt die Lore aber aus unerklärlichen Gründen vom Gleis. Er traut sich nicht, die Tasche zu holen, zumal genau in diesem Moment zufällig ein Boot der Wasserschutzpolizei auf der benachbarten Spree vorbeifährt. Er flieht. Und lässt die Tasche zurück. Die ausgerechnet bei diesem Versuch zum ersten Mal tatsächlich die geforderten 1,4 Millionen enthält.

ERFOLG DER PSYCHOLOGIN. Am Ende ist es die Strategie der Hamburger Polizeipsychologin, die sich als erfolgreich erweist. Einerseits ging es darum, »solange wie möglich eine Echtgeldübergabe zu verhindern«, so erklärt es später Polizeiführer Daleki[3]. Andererseits musste die ganze Zeit eine ernsthafte Verhandlungsabsicht vorgegaukelt werden. »Wenn die Zahlungsbereitschaft verweigert wird, fühlt er sich provoziert zu bomben«, hatte die Psychologin gewarnt. Der Täter soll sich ernst genommen und verstanden fühlen, Ausreden müssen glaubhaft klingen, das hatte die Psychologin den Verhandlern eingebläut. So entschuldigt sich ein Verhandlungsführer am Telefon zum Beispiel »persönlich« für eine Verzögerung, »weil meine Tochter heiratet«. Dagobert fällt auf die Hinhaltetaktik herein. »Macht nichts, das machen wir beim nächsten Mal besser«, sagt er einmal zu seinem Gegenspieler von der Polizei.

EIN MIETWAGEN IST DIE ERSTE SPUR. Der Fahndungsring zieht sich langsam zu, als die gemeinsame Sonderkommission den Berliner Technikmarkt ausfindig macht, in dem sich »Dagobert« unter anderem eine Zeitschaltuhr besorgt. Bis zu 3000 Kartentelefonzellen in Berlin werden zwischenzeitlich überwacht: Ein Mietwagen wird am Rande einer gescheiterten Geldübergabe in Berlin-Kreuzberg entdeckt, der offenbar vom Täter angemietet wurde. Zum ersten Mal wird Arno Funke als Verdächtiger identifiziert.

Als das MEK Funke schließlich festnimmt, wirkt der fast schon erleichtert. Viele Jahre später wird er davon sprechen, wie jeder Versuch einer Geldübergabe »mit sehr viel Stress verbunden« war: »Für mich war das damals eigentlich wie ein Albtraum gewesen«[4].

ERFOLG ALS ZEICHNER. Am 14. Juni 1996 wird Funke im Wiederholungsprozess zu einer Haftstrafe von neun Jahren verurteilt. Obwohl ihm besonders hohe Intelligenz bescheinigt wird, wirkt sich für ihn unter anderem strafmildernd aus, dass Dämpfe von Lösungsmitteln während seiner Tätigkeit als Lackierer bei ihm zu einer psychischen Beeinträchtigung geführt haben. 1998 veröffentlicht er noch aus dem Gefängnis heraus seine Autobiografie »Mein Leben als Dagobert«. Im Sommer 2000 wird Arno Funke entlassen. Den Ganoven gibt es danach nicht mehr. Er ist wieder Zeichner. Und arbeitet als erfolgreicher Karikaturist unter anderem für die satirische Zeitschrift »Eulenspiegel«, veröffentlicht ein Buch mit Cartoons: »Ente kross«. Ein paar Mal tritt er in TV-Shows auf.

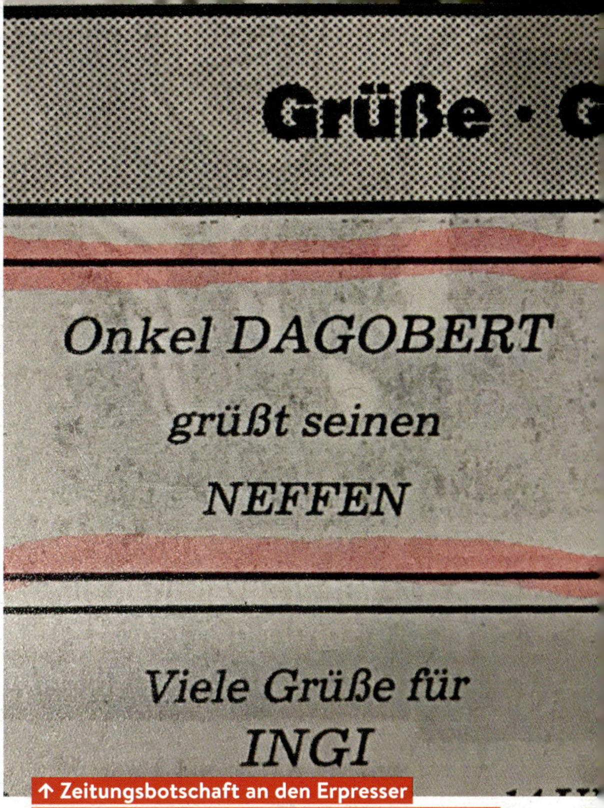

↑ Zeitungsbotschaft an den Erpresser

↓ Dagoberts Fahndungsfoto im Polizeimuseum

---

1) DIE ZEIT vom 29. April 1994;
2) NDR Geschichte vom 13. Juni 2016;
3) Audioprotokolle im Hamburger Polizeimuseum;
4) Deutschlandfunk vom 15. April 2019

12

TERROR IN DER APOTHEKE

Schüsse auf die Polizeistreife

Wie Notizkladden in der Brusttasche seiner Dienstjacke einem Streifenpolizisten das Leben retten.

Im Hamburger Polizeimuseum hängt die Lederjacke des niedergeschossenen Polizisten.

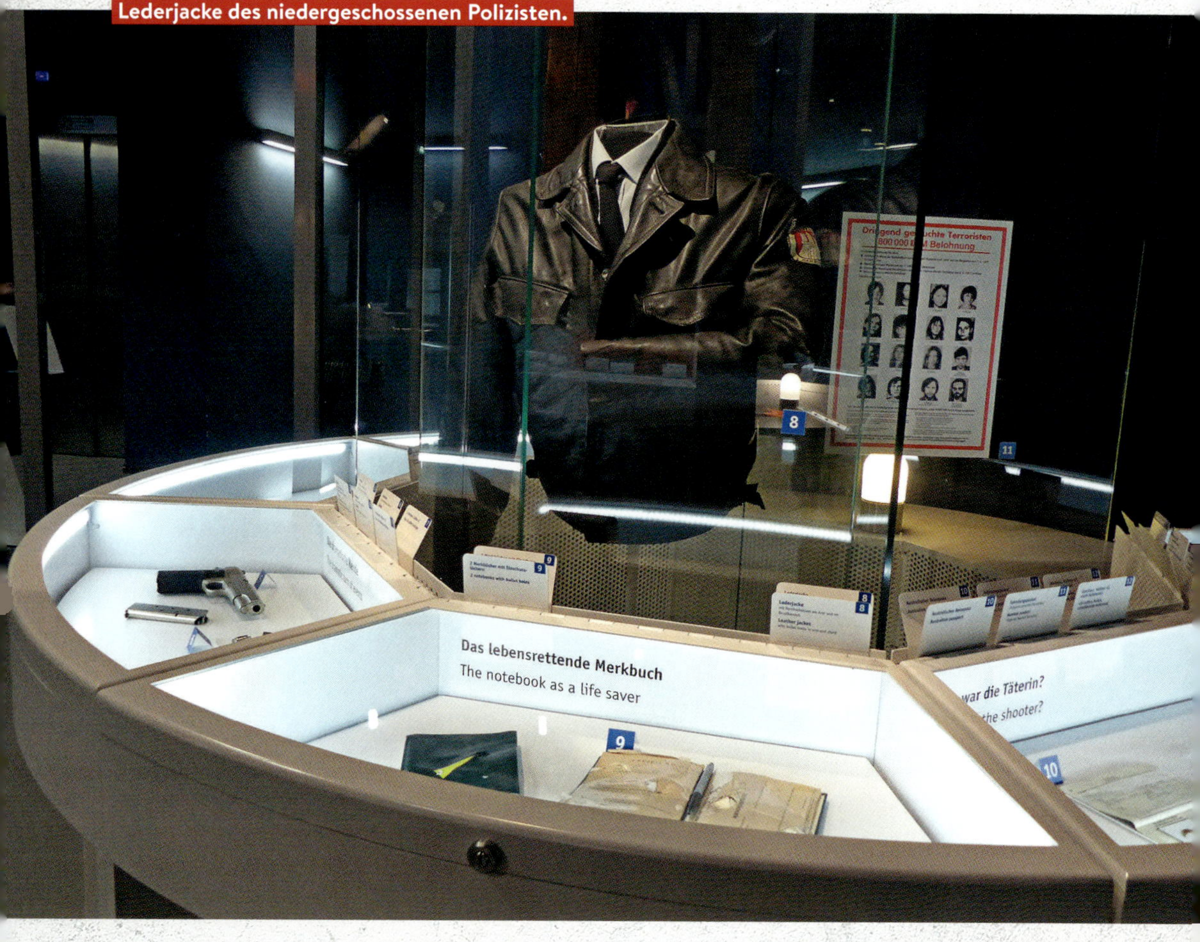

GEFÄLSCHTES REZEPT. Es riecht nach Schnee. Die Temperaturen pendeln um den Gefrierpunkt. Der graue Himmel hängt tief und schwer über der Stadt, es kann jeden Moment losgehen. Als die junge Frau mit australischem Namen die Glocken-Apotheke am Winterhuder Marktplatz nahe des Stadtparkes betritt, erwartet sie der Apotheker bereits. Sie will ein Rezept einlösen, das sie schon am Vortag abgegeben hat. 30 Ampullen der Schmerzmittel »Fortal« und »Valoron« sind darauf verordnet. Harter Stoff. Die Schmerzen müssen groß sein.

Nicht nur die Menge der Analgetika ist ungewöhnlich. Auch das Rezept. Es ist gefälscht. Der Apotheker erkennt das sofort, als die junge Frau mit der großen Brille zum ersten Mal vor seinem Tresen steht. Er vertröstet sie. Am nächsten Vormittag um elf Uhr sollen die Medikamente zur Abholung bereit sein. Er ahnt nicht, wofür sie so große Mengen braucht, aber die Fälschung des Rezeptes ist schlimm genug. Er schaltet die Polizei ein.

COLT IN DER MANTELTASCHE. Es ist der 21. Januar 1978, kurz nach elf Uhr. Am Nachmittag werden 30 000 Zuschauer im Volksparkstadion den 2:0-Sieg des HSV gegen den VfB Stuttgart bejubeln, als die blutige Geschichte des Terrors ihre Spur durch die Elbmetropole zieht. Zwei junge Polizisten erscheinen und nehmen die junge Frau in die Mitte. Alles sieht nach einem Routineeinsatz aus. Eine Drogensüchtige vielleicht. Wer will das schon wissen. Die junge Frau sagt kein Wort. Scheinbar widerstandslos folgt sie den Anweisungen der Beamten des Streifenwagens »Peter 44/1«. Bis sie einen automatischen Colt, Kaliber 45, aus der Manteltasche zieht.

Sie schießt dem jüngeren der beiden Polizisten ohne jede Vorwarnung sofort in die Brust. Ein zweiter Schuss zersplittert die Schaufensterscheibe. Der Apotheker und seine Frau bringen sich hinter dem Ladentresen in Deckung. Der zweite Polizist erwidert die Schüsse und trifft die Frau in den Unterbauch und am Ellenbogen. Sie stürzt auf den Gehweg. Das Blutbad hat ein Ende[1].

Kubys Tatwaffe mit Magazin ist in der ständigen Ausstellung ebenfalls zu sehen.

DER WEG IN DEN UNTERGRUND. Der Ausweis der schießwütigen Frau lautet auf »Frances Mary Hayden« aus Melbourne und ist ebenfalls gefälscht. Sie dient der Pfälzer Pfarrerstochter Christine Kuby (21) als Tarnung. Dabei hat die Polizei sie eigentlich noch gar nicht im Visier. Erst später werden die Ermittlungen zutage bringen, dass Kuby ein Jahr zuvor in den Untergrund gegangen ist und sich dort wohl mit Gesinnungsfreunden zur neuen Generation der RAF (Rote Armee Fraktion) zusammentut. Aber bis zu ihrer Festnahme nach dem Hamburger Anschlag war ihre Mitgliedschaft in der RAF der Polizei »noch nicht bekannt«[2]. Auf dem offiziellen

Fahndungsplakat mit 16 Köpfen der dritten RAF-Generation ist sie nicht dabei.

Bis zu ihrem Weg in den Untergrund lebt Kuby Anfang der Siebziger in der Nähe von Kaiserslautern. Ihre Heimatgemeinde Enkenbach macht später Schlagzeilen, weil auch vier andere RAF-Mitglieder, darunter Gert Schneider und Elisabeth van Dyck, aus dem Kaff stammen. Sie radikalisiert sich über ihre WG in Kaiserslautern, aus der Bewohner und Bewohnerinnen eine Aktivistengruppe unter dem Namen »Antifaschistischer Kampf« gründen. Die Antifa-Kämpfer gerieren sich als politische Sympathisanten der RAF, stören den Prozess gegen die RAF-Mitglieder Klaus Jünschke und Manfred Grashof, prügeln sich mit der Polizei auf dem Unigelände. Ihre Eltern registrieren, dass bei ihrer Tochter etwas anders ist. »Über ihr fröhliches Wesen wurde was drübergelegt, was sie veränderte«, sagt Vater Kuby[3].

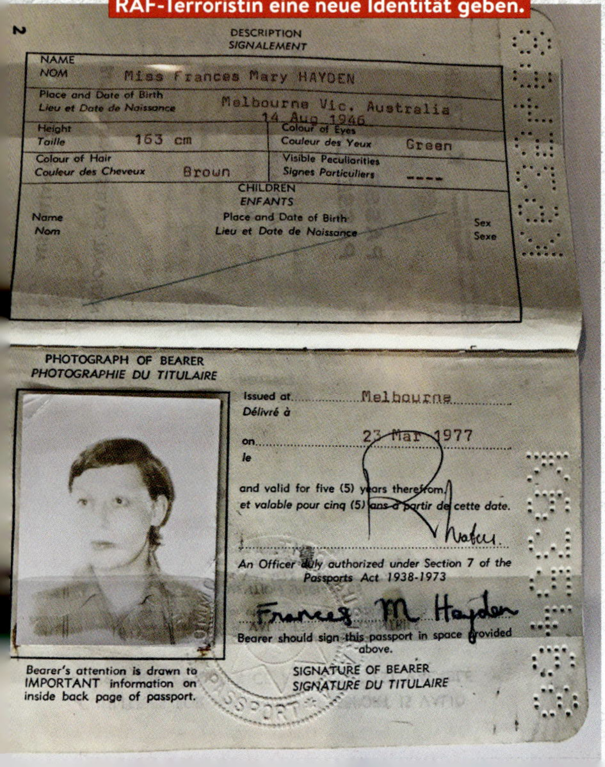

Gefälschte Papiere sollten der RAF-Terroristin eine neue Identität geben.

Nach der Entführung und Ermordung des Arbeitgeberpräsidenten Hanns Martin Schleyer taucht sie mit einer ganzen Reihe von Gesinnungsgenossen ab. Der Fahndungsdruck zuhause ist zu groß. Sie finden Unterschlupf in Bagdad. Zur Gruppe im irakischen Exil zählt auch der wegen der Morde an Schleyer und dem Bankier Jürgen Ponto gesuchte Peter-Jürgen Boock. Er ist schwer drogenabhängig. Kaschiert das vor seinen Genossen aber als angeblich lebensbedrohliche Krankheit. Er braucht starke Schmerzmittel. Ein erster Versuch, die in Amsterdam zu besorgen, scheitert im November 1977. Ein RAF-Kumpan wird in einer wilden Schießerei mit der Polizei schwer verletzt. Christine Kuby soll es besser machen[4]. Zwei Monate später schreibt der Winterhuder Marktplatz Geschichte.

Der junge Polizist wird nur leichter verletzt. Er hat Glück. Die Kugel wird von seiner Lederjacke und zwei Notizkladden sowie einem Strafzettelblock in der Brusttasche abgebremst, bevor sie in seine Brust eindringt. Die Jacke und seine Polizeiutensilien, die ihm das Leben retten, hängen heute im Polizeimuseum.

HAFT MIT GESINNUNGSGENOSSINNEN.

Kuby wird 1979 zu lebenslanger Haft verurteilt. Die Strafe sitzt sie in der Justizvollzugsanstalt Lübeck ab, gemeinsam mit ihren RAF-Verbündeten Hanna Krabbe, Gabi Rollnick und Irmgard Möller – der einzigen Überlebenden der Todesnacht von Stammheim am 18. Oktober 1977, als sich die führenden Köpfe der RAF Gudrun Ensslin, Andreas Baader und Jan-Carl Raspe umbrachten.

Ich lerne Christine Kuby persönlich in der Justizvollzugsanstalt kennen – zumindest ein bisschen. Ich begegne ihr, als ich Irmgard Möller im Frühjahr 1992 zum SPIE-

Im Polizeimuseum ist die lebensrettende Notizkladde mit Einschussloch zu sehen.

GEL-Gespräch im Gemeinschaftsraum der vier Frauen in der Justizvollzugsanstalt Lübeck treffe. Dort können sie gemeinsam kochen, fernsehen, abhängen. Kuby hält sich mit den anderen im Hintergrund, mischt sich nicht ein. Sie sind misstrauisch, halten nichts von dem Interview, haben es der Möller aber auch nicht ausreden können[5]. Der SPIEGEL ist für sie Teil der »bürgerlichen Presse«, ein »Klassenmedium«, dem man nicht trauen kann.

HART IN DER SACHE. Kuby sagt nichts. Sie ist gesundheitlich gezeichnet. Der lange Gefängnisaufenthalt setzt ihr und den anderen zu. Sie leidet unter einem schweren Bandscheibenvorfall, ist aber unerbittlich in der Sache. Sie will der Gewalt nicht abschwören. Hält die Debatte darüber für einen politischen Fehler. Bei der üblichen Autorisierung des Gesprächs werden sie und ihre Mitstreiterinnen Irmgard Möller für ihre Antworten im Interview hart zusetzen, erfahre ich später.

Am 22. Februar 1995 wird Kuby nach über 17 Jahren aus der Haft entlassen. Obwohl nicht bereit, »sich zu unterwerfen und ihre politische Identität aufzugeben«[6], besteht nach Meinung des Gutachters wegen ihrer schwer angeschlagenen Gesundheit und nach einer Bandscheiben-OP »eine Gefährlichkeit nicht mehr« fort. Die Bundesanwaltschaft stimmt zu.

---

1) Hamburger Abendblatt vom 3.3.2006;
2) Ständige Ausstellung Polizeimuseum Hamburg;
3) DER SPIEGEL vom 29.1.1978;
4) tageszeitung vom 11.2.1995;
5) Irmgard Möller: »Ich will nicht anders leben«, SPIEGEL 21/1992, vom 17. Mai;
6) taz, ebenda

In der ehemaligen Schule Bullenhuser Damm erinnert eine Gedenkstätte an die Nazimorde.

13

BILDER AN DER WAND

Die Kinder vom Bullenhuser Damm

Nach grausamen medizinischen Experimenten durch ihre Nazipeiniger werden noch in den letzten Kriegstagen 20 kleine Kinder im Keller der Schule erhängt.

STROHHALM DER HOFFNUNG. »Wer will zu seiner Mama? Der soll einen Schritt vortreten.« Die Frage des Mannes im weißen Arztkittel an die Kinder klingt einigermaßen vertrauenserweckend und harmlos. Trotz der unmenschlichen Zustände im Konzentrationslager Auschwitz, denen sie seit Monaten ausgesetzt sind. Aber manche der Jungen und Mädchen in der »Baracke Nummer eins« vermissen ihre Eltern so sehr, dass sie sich an jeden Strohhalm der Hoffnung klammern. Dass es für sie der Schritt in den Tod sein wird, ahnen sie nicht.

Die Schwestern Andra und Tatiana Bucci haben die Erinnerung an den Moment in der Kinderbaracke nie vergessen. Sie haben das KZ überlebt und erzählen in einer ARD-Dokumentation[1], wie die Blockbeauftragte, eine Mitgefangene, sie genau vor diesem Tag gewarnt hatte. Die Mädchen sind vier und sechs Jahre alt, als die Frage gestellt wird. Rechtzeitig haben sie ihren Cousin Sergio eindringlich ermahnt, auf keinen Fall den Finger zu heben. Aber bei dem Siebenjährigen siegt die Sehnsucht.

ZYNISCHE LÜGE. Es ist der 27. November 1944, als Sergio zusammen mit neun anderen Jungen und zehn Mädchen im Alter zwischen fünf und zwölf Jahren in Auschwitz einen Zug besteigt, der sie nach zweitägiger Fahrt ins KZ Neuengamme nach Hamburg bringt. Noch glauben die Kinder ihren späteren Henkern, dass sie zu ihren Müttern gebracht werden. »Also waren sie glücklich«, glauben auch die überlebenden Schwestern. Aber die zynische und menschenverachtende Lüge macht die 20 Kinder zu Opfern eines der grausamsten Kriegsverbrechen der Nazis.

In Hamburg versucht der KZ-Lagerarzt Kurt Heißmeyer durch Experimente an Menschen eine schon damals absurde medizinische Annahme zu belegen: Dass durch künstliche Infektion mit TBC-Erregern bei eigentlich Gesunden Antikörper gegen die Schwindsucht gebildet werden könnten. Als seine Menschenversuche an russischen Kriegsgefangenen nicht den erhofften Erfolg bringen, verlangt er nach Kindern als »entsprechendes Material«. Und findet ein offenes Ohr bei Josef Mengele. Der berüchtigte KZ-Arzt in Auschwitz experimentiert selbst in bestialischer Art und Weise an Häftlingen herum. Und selektiert die Deportierten nach Arbeitswilligen und »Lebensunwerten«, um diese dann zigtausendfach in die Gaskammern zu schicken. Er ist einer der übelsten NS-Kriegsverbrecher.

MENGELES HANDLANGER. Ganz im Sinne Mengeles und der rassistischen Naziideologie will Heißmeyer an den Kindern auch die menschenverachtende Doktrin belegen, dass »rassisch minderwertige« Menschen« anfälliger für eine Infektion mit Tuberkulose seien. Er infiziert die Kinder, indem er ihnen lebende Tuberkelbazillen über Schnitte in die Brust und über Schläuche durch die Luftröhre in die Lungenflügel einträufelt[2]. Dann lässt er ihnen die Lymphknoten unter den Achseln rausoperieren – alles nur unter örtlicher Betäubung. Die Kinder leiden Höllenqualen.

Bald nach Ankunft der 20 Kinder in Neuengamme, Anfang April 1945, ist Hitlers Angriffskrieg längst verloren. Die britischen Truppen stehen bereits am Stadtrand von Hamburg, als die nationalsozialistischen Kriegsverbrecher nur noch eines im Sinn haben: ihre Gräueltaten so gut wie möglich zu vertuschen und zu verbergen. Der Kommandant des KZ Neuengamme, Max Pauly, bekommt vom Reichsführer-SS Heinrich Himmler persönlich den Auftrag, »die Abteilung Heißmeyer aufzulösen«[3]. Verantwortlich dafür macht der KZ-Kommandant Alfred Trzebinski. Der Mediziner ist Standortarzt in Neuengamme und angeblich für die Gesundheit der Insassen zur Zwangsarbeit verantwortlich. Aber er ist auch Heißmeyers Kollege und Gesinnungsgenosse.

SCHULE ALS KZ-NEBENLAGER. Am 20. April 1945 werden die Kinder zusammen mit vier Betreuern, ebenfalls KZ-Häftlinge, und 24 sowjetischen Kriegsgefangenen in die Schule am Bullenhuser Damm im nahen Stadtteil Billwerder gebracht. Die Lehranstalt dient seit 1944 als Außenlager des KZ Neuengamme für einige Hundert Häftlinge, die hier Steine klopfen und aus Trümmerschutt Steinplatten herstellen müssen. Bei der Ankunft der Kinder ist das Nebenlager von der SS bereits geräumt.

Ein symbolischer Koffer dokumentiert das schreckliche Schicksal des Jungen Sergio.

An einem Rohr im Heizungskeller werden zuerst erst die Betreuer erhängt. Unter dem Vorwand, sie gegen Typhus zu impfen, spritzt Trzebinski dann den Kleinen gegen Mitternacht nacheinander Morphium – zur Betäubung. Der SS-Unterscharführer Johann Frahm beruhigt die Kinder mit der nächsten Lüge. »Frahm nahm den 12-Jährigen auf den Arm und sagte zu den anderen, er wird jetzt ins Bett gebracht. Er ging mit ihm in einen Raum, der vielleicht sechs bis acht Meter von dem Aufenthaltsraum entfernt war, und dort sah ich schon eine Schlinge an einem Haken«, wird Trzebinksi ein Jahr später im Prozess gegen Kriegsverbrecher vor einem Gericht in Hamburg aussagen.

UNTERGETAUCHT UND ENTDECKT. Der Naziarzt will die Hauptschuld für die Ermordung damit wohl auf den SS-Mann abwälzen. Frahm brüstet sich sogar damit, die Kinder jeweils an zwei Wandhaken aufgehängt und sich mit seinem ganzen Körpergewicht an die ausgemergelten leblosen Körper gehängt zu haben, damit sich die Schlinge auch zuzieht. Sie sahen aus »wie Bilder an die Wand gehängt«, sagt er in einem Verhör.

Trzebinski versucht nach Kriegsende unterzutauchen. Er wird von einer britischen Spezialeinheit, die Jagd auf Kriegsverbrecher macht, am 1. Februar 1946 aufgespürt und in Hamburg zum Tode verurteilt. SS-Mann Frahm flieht noch im Mai 1945 und versteckt sich bei seiner Familie in Kleve, wo ihn britische Ermittler Ende Oktober festnehmen. Er wird ein Jahr später zum Tode verurteilt und hingerichtet. Ebenso wie KZ-Kommandant Pauly.

Dem verantwortlichen KZ-Arzt Heißmeyer gelingt die Flucht. Er kann jahrelang in der »Sowjetischen Besatzungszone« und späteren DDR untertauchen, bis seine Taten 1964 dort doch bekannt werden. Am 30. Juni 1966 verurteilt ihn ein Bezirksgericht in Magdeburg wegen Verbrechen gegen die Menschlichkeit zu einer lebenslangen Zuchthausstrafe[4]. Er stirbt 1967 im Gefängnis in Bautzen an Herzversagen.

DER LANGE WEG ZUR GEDENKSTÄTTE. Die Schule Bullenhuser Damm wird nach dem Krieg wieder zur Lehranstalt, als wäre nichts gewesen. Lehrer und Schüler erinnert nichts an die grausige Geschichte im Heizungskeller des Gebäudes und das Schicksal der Kinder. Nur ein paar ehemalige KZ-Gefangene kommen Jahr für Jahr vorbei und erinnern an die Gräuel. Das ist es für lange Zeit.

Es ist dem Journalisten Günther Schwarberg zu verdanken, dass die Naziverbrechen vom Bullenhuser Damm ins Bewusstsein der Öffentlichkeit zurückkehren. Durch hartnäckige Recherchen zunächst für eine Serie des Magazins »Stern« und dann für ein Buch[5] kann er die meisten der 20 Opfer identifizieren. Die Schwestern Bucci kommen nach der Befreiung von Auschwitz irgendwann nach Hause und treffen sogar ihre Eltern wieder, die ebenfalls überlebten. Sie heiraten, kriegen Kinder und Enkel. Und kämpfen gegen das Vergessen. Sie wissen um ihr »Glück« trotz aller Torturen. Ihr Cousin Sergio dagegen, so sagen sie, »musste für immer Kind bleiben«.

↑ Im Rosengarten erinnern Gedenktafeln.

↓ Simone mit seinen Schwestern in der Heimat

↑ SS-Mediziner Trzebinski mit Familie

↓ Pass des KZ-Lagerarztes Heißmeyer

---

1) ARD-Doku-Drama »Nazijäger – Reise in die Finsternis«, 16. Januar 2022;
2) Gedenkstätte »Die Kinder vom Bullenhuser Damm e. V.«;
3) NDR online, »Der Mord an den Kindern vom Bullenhuser Damm«, vom 14. Januar 2022;
4) Gedenkstätte Bullenhuser Damm;
5) Günther Schwarberg, »Der SS-Arzt und die Kinder vom Bullenhuser Damm«, Steidl Verlag

14

EXPLOSION IM BUNKER

Der Discobomber

Eine Handgranate schießt tausende kleine Stahlkugeln durch einen Partyklub und verletzte viele der Feiernden schwer.

Der Hochbunker wird mit Grünanlagen auf dem Dach und einem Hotel aufwendig modernisiert.

TEMPEL FÜR SCHÖNE UND DIE REICHE. Es ist der stadtbekannte Partykönig, der mit einem neuen Klub für die Schönen und die Schicken der Stadt neue Überschriften und Geschichten in den Boulevardblättern generieren will – vor allem wohl für sich selbst. So extravagant wie seine Zielgruppe ist auch die Location, wie Partyklubs dieser Art neudeutsch genannt werden. Der Tanztempel liegt im 4. Stock eines alten Hochbunkers im Herzen der Stadt. Der riesige Betonklotz hat den Zweiten Weltkrieg unbeschadet überstanden und thront seitdem an der Feldstraße wie ein Wahrzeichen auf dem Heiligengeistfeld. Dort, wo gleich nebenan der Kiezklub FC St. Pauli seine Fußballfans begeistert. Und dreimal im Jahr das große Volksfest »Hamburger Dom« steigt.

Ein Polizeifoto zeigt den Täter nach seiner Festnahme.

Auf mehreren Ebenen und einer großen Tanzfläche können sich im »J's« weit über 1000 Feierwütige tummeln. Zwei voneinander getrennte VIP-Bereiche sortieren Promigäste in Erste und Zweite Liga, abgeschottet von den Normalos, die sich nur gerne mal im Promiglanz sonnen wollen. Der Klub wird schnell zum angesagten Hotspot der Stadt. Die Zeitungen sind voll von Stars und Sternchen, die auf den Partys des Besitzers abfeiern.

PROMIS AUF DER LISTE. Am 29. April 2000 ist wieder so ein Tag. Der Partykönig hat geladen. Schauspieler wie Heiner Lauterbach, Til Schweiger, Heinz Hoenig oder Mark Keller stehen auf der Promigästeliste des »J's«, auch Dieter Bohlen und Jenny Elvers haben sich angemeldet. Der Bruder des Chefs höchstpersönlich kontrolliert die Gäste am Eingang. Ihm zur Seite die üblichen Türsteher, wohl eher für den Notfall. Falls es Probleme gibt.

Ein Mann mit langen dunklen Haaren wird vom Bruder am Einlass abgewiesen. »Er gehörte nicht zu den Stammgästen, sah nicht so aus wie jemand, der den Getränkeumsatz steigert«, wird der Bruder des Besitzers später vor Gericht aussagen. Aber der Typ hat offenbar gute Verbindungen. Ein Blick zum Türsteher reicht. Der erkennt in ihm einen alten Kumpel wieder und gibt das Zeichen: Kann rein[1]. Es ist eine fatale Entscheidung, wie sich später zeigt.

EINE HANDGRANATE EXPLODIERT. Es sind wohl rund 1500 Gäste in dem Klub, die ausgelassen zu lauter House- und Discomusik tanzen und feiern, als gegen drei Uhr in der Nacht eine Splitterhandgranate detoniert. Hunderte kleine Stahlkugeln schießen durch den Raum und verletzen zehn Menschen schwer, einige davon lebensgefährlich. 2600 Stahlkugeln sind es insgesamt, so werden die Ermittlungen später ergeben. Die wie Geschosse durch den Klub peitschen und auf kürzere Distanz tödlich sein können. Schreie durcheinander, Blut spritzt, Panik bricht aus.

Einige Opfer schweben tagelang in Lebensgefahr. Ein Wunder, dass keiner der Gäste tödlich verletzt wird.

SICHERHEITSMASSNAHMEN GIBT ES NOCH NICHT. Als Täter wird der Mann mit den langen Haaren ermittelt, der eigentlich gar nicht reingelassen werden sollte. Der 29-jährige Türke Cüneyt Dogac ist ein vielfach vorbestrafter und altbekannter Kunde der Polizei. Zum ersten Mal wird er mit acht Jahren erfasst. Bis zu dem Anschlag sind es gut 30 aktenkundige Fälle, berichten örtliche Medien. Dogac kann die Handgranate jugoslawischer Bauart unentdeckt ins »J's« einschleusen. Körperkontrollen, Videoüberwachung oder gar Scanner sind damals noch unüblich. Erst nach dem Anschlag entbrennt eine große öffentliche Debatte über Sicherheit in Klubs und Diskotheken. Und ihre Besucher.

Cüneyt Dogac versteckt die Handgranate unbemerkt zwischen den Sitzpolstern im VIP-Bereich. Kurz vor der Explosion verlässt er selbst den Raum. Promis wie Lauterbach oder Schweiger haben Glück. Sie sind bereits kurz vor ihm aufgebrochen und haben den Klub zum Zeitpunkt der Explosion bereits verlassen.

Spurensicherung am Tatort nach der Explosion in der Disco

STAHLKUGEL IM HERZ. Die Verletzungen der Opfer sind schwer. Einige kämpfen lange mit Beschwerden als Folge, weil einzelne Stahlkugeln noch Jahre in ihrem Körper stecken. Bei einer Erzieherin zum Beispiel sitzen über neun Jahre nach der Tat unter anderem noch eine fest in ihrem Herzen und eine im Rückenmark. Sie kann ihren Beruf nicht weiter ausüben[2].

Acht Tage nach der Bluttat nimmt die Polizei den Täter fest, als er die Wohnung seiner Freundin verlässt. Das Mehrfamilienhaus ist von Polizei und Mobilem Einsatzkommando umstellt. Der Verdächtige wird als gefährlich eingeschätzt. Zu diesem Zeitpunkt gehen die Ermittler vor allem von einem Machtkampf zwischen konkurrierenden Drogenbanden oder einem Racheakt an Rockern der »Hells Angels« als Folge einer Schlägerei aus. Oder womöglich auch eine Kombination von beidem.

NÖTIGUNG ALS MOTIV. Auch als Dogac die Tat gesteht, macht er keine konkreten Angaben zum Motiv. Angeblich will er auf Druck von unbekannten Hintermännern gehandelt haben und diese aus Angst nicht nennen. Seine Verteidiger sprechen von »Nötigungsnotstand«, was juristisch einer Art Rechtfertigungsgrund gleichkäme. Den Grund liefern sie gleich mit: »Er und seine Familie sind mit Mord bedroht worden«[3]. Vor Gericht sagt der Türke aus, der Klubbesitzer habe dem unbekannten Hintermann angeblich eine hohe Geldsumme geschuldet, der Anschlag sei eine Warnung gewesen. Der

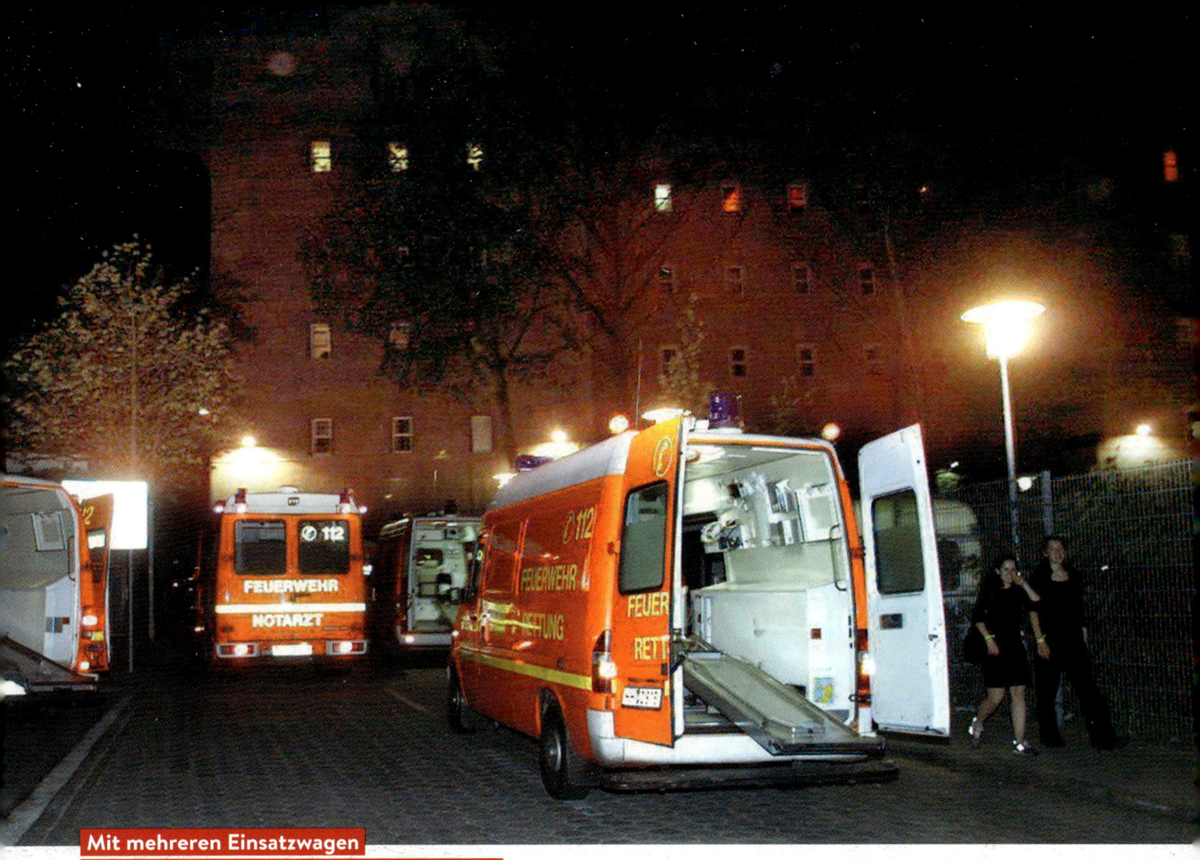

Mit mehreren Einsatzwagen rückten die Rettungskräfte am Bunker an.

Partykönig bestreitet die Schulden noch vor dem Gerichtssaal öffentlich: »Blödsinn«. Die Schwurgerichtskammer verurteilt Cüneyt Dogac im Februar 2001 zu einer Freiheitsstrafe von zwölf Jahren und neun Monaten. Die Kammer geht damit über den Antrag der Staatsanwaltschaft deutlich hinaus[4]. Sie erkennt auf versuchten heimtückischen Mord in mehreren Fällen, gefährliche Körperverletzung und Verstoß gegen das Kriegswaffenkontrollgesetz. Es sei nur ein Zufall gewesen, dass alle Opfer die Tat überlebten. Außerdem habe sein Anschlag »der Angst in Discos eine neue Dimension gegeben«.

DER KLUB ÜBERLEBT NICHT. Im Gegensatz zu den Opfern überlebt das »J's« den Anschlag nicht lange. Schon bald nach der Bluttat macht der Laden zu, von finanziellen Schwierigkeiten wird gemunkelt. Seitdem ist in dem Luftschutzbunker das »Uebel & Gefährlich« zuhause. Der Klub gilt als einer der beliebtesten Plätze der Livemusik- und Veranstaltungsszene der Stadt – für ganz normale Partygänger und nicht nur wegen der extravaganten Location. Die wird in Zukunft noch ausgefallener sein. Auf dem Dach des Kriegsklotzes entsteht über mehrere aufgesetzte Geschosse das bei Anwohnern umstrittene Projekt »grüner Bunker«[5] mit tausenden Bäumen, Sträuchern und Gehölzen, einem öffentlichen Park sowie einem Hotel und Veranstaltungsflächen.

---

1) Hamburger Abendblatt vom 24. Januar 2001;
2) Hamburger Abendblatt vom 17. Juli 2009;
3) Hamburger Abendblatt vom 27. Dezember 2000;
4) DER SPIEGEL vom 22. Februar 2001;
5) DIE WELT vom 6. März 2019

In der Hamburger Kunsthalle beginnen die Säureanschläge auf wertvolle Gemälde.

15

BEWUSSTE HILFESCHREIE

Der Kunstzerstörer

Um seine Angstzustände und Neurosen zu bekämpfen, fährt ein Hamburger quer durchs Land und verätzt weltberühmte Gemälde.

GÖTTLICHE ERSCHEINUNG. Der Maler Paul Klee wurde unter seinesgleichen und zu seiner Zeit gern als »der Einzigartige« bezeichnet. Mit seinen Kunstwerken prägte er einen völlig neuen Stil. Sein »Blauer Reiter« gehört dazu und ganz besonders auch »Der Goldfisch« von 1925. Wie von innerer Glut erfüllt erstrahlt der große goldgelbe Fisch vor tiefblauem, fast schwarzem Grund, so schwärmen Kunstkritiker. Die Hamburger Kunsthalle sieht in der »majestätischen Aura« des Gemäldes sogar eine »Erscheinung des Göttlichen«[1].

Von strahlender Glut und ganz besonderer Aura ist am 29. März 1977 nicht mehr viel übrig. Ein psychisch gestörter Hamburger nähert sich in der Kunsthalle unbeobachtet der wertvollen Malerei in Öl und Aquarell. Er spritzt eine farblose Flüssigkeit auf das Kunstwerk und verätzt die Farbschichten schwer. Am nächsten Tag beschädigt er ein Ölgemälde im Altonaer Museum. Wiederum zwei Tage danach ist er zurück in der Kunsthalle und schüttet Säure gegen ein Gemälde von Franz Radziwill. Die Spur des Kunstschänders[2] in Hamburg ist der Auftakt zu einer Serie beispielloser Zerstörungen von internationalen Kunstschätzen durch ihn. Der Gesamtschaden wird auf fast 300 Millionen Mark beziffert. Die Kunstwelt ist in Aufruhr. Allein im ersten Jahr seiner Untaten leiden mehr als 50 Kunstwerke unter seiner Zerstörungswut.

NICHTS IST VOR IHM SICHER. Als Täter wird schnell der Hamburger Hans-Joachim Bohlmann ermittelt. Fast 30 Jahre lang treibt er mit Unterbrechungen sein Unwesen und beschädigt bis zu seinem Tod Dutzende Kunstwerke schwer. Dürer, Rembrandt, Lucas Cranach, Bruyn, Rubens – nichts und niemand ist vor ihm sicher. Nicht nur in Hamburg. Im August 1977 ist dort noch mal die »Anbetung des Christuskindes« von Gottfried Libalt in der Hauptkirche St. Petri Ziel seines ungezügelten Vandalismus. Danach treibt es ihn über die Stadtgrenzen, um seine Persönlichkeitsstörung irgendwie zu kompensieren. Meist mit zerstörerischer Gewalt.

Der 1937 geborene Bohlmann erlebt in seinen frühen Jahren das, was man damals eine schwere Kindheit nannte: Aufgewachsen unter Naziterror und Bombenangriffen, der Vater an der Ostfront, die Mutter in fremden Betten. Mit zwei Jahren fällt er in eine Jauchegrube und wird gerade noch vor dem Ertrinken gerettet. Sein ständiger Begleiter wird die Angst. Angst vor der Schule, Angst vor seinem rabiaten Vater nach dem Krieg, Angst vor seiner lieblosen Mutter. Eine Lehre als Klempner bricht er ab. Danach begibt er sich als 16-Jähriger freiwillig in die Psychiatrie[3]. Elektroschocks und Psychodrogen aller Art werden zu ständigen Wegbegleitern. Sie sollen gegen seine Angstzustände, Depressionen und seinen Kontrollwahn helfen. Eine Besserung ist nicht in Sicht. Im Gegenteil.

Ein Ölgemälde von Thomas Herbst im Altonaer Museum wurde 1977 verätzt.

MEDIZINISCHES VERSUCHSOBJEKT. Seine psychischen Neurosen machen ihn schließlich zum Versuchsobjekt. 1974 wird an ihm eine sogenannte stereotaktische Leukotomie vorgenommen, die medizinisch schon damals sehr umstritten ist: Bei dem neurochirurgischen Eingriff werden Sonden durch die Schädeldecke ins Gehirn geführt und kleinste Teile Nervengewebe und Nervenbahnen verödet. Angeblich sollen so Herde von Psychosen oder kriminogenen Trieben entfernt werden wie faule Stellen im Obst – lange überholte Vorstellungen von helfender Psychochirurgie.

Bis zu dem Eingriff ist er vielleicht ein unsicherer, gehemmter und angstgetriebener Mensch mit einer gestörten Persönlichkeit, so werden es Gutachter später sinngemäß sagen. Danach wird er durch seine Neurosen und eine »hirntraumatische Schädigung« unkontrollierbar und wie ferngesteuert. »Die kriminelle Energie ist ein Teil meiner Persönlichkeit, der danach richtig herauskam«, gibt Bohlmann 30 Jahre später dem SPIEGEL zu Protokoll: »Die Gehirnoperation hätte man nicht machen dürfen, das war das größte Unrecht«.

TOD DER GROSSEN LIEBE. Echtes Glück lernt er in seinem Leben nur kurz kennen, als er seine große Liebe heiratet. Die Ehe währt nicht lange. Trude, die ihn trotz aller Macken 1968 zum Mann nimmt, stürzt beim Fensterputzen ab und erliegt am 23. März 1977 ihren Verletzungen. Danach dreht Bohlmann endgültig ab. Sechs Tage nach ihrem tödlichen Unfall schlägt er zurück – gegen alles, was ihn vermeintlich bedrängt.

Als er im Oktober 1977 das erste Mal verhaftet wird, hinterlässt er bereits eine Spur der Verwüstung. Hamburg, Lübeck, Lüneburg Essen, Dortmund, Hannover, Düsseldorf, die Liste ist lang. Anfang Oktober wütet er im Kasseler Schloss Wilhelmshöhe unter anderem gegen Rembrandts »Jakobssegen«. Der Schaden wird auf 25 Millionen Mark geschätzt. Er schändet Grabsteine, beschädigt Kirchenaltare und Statuen.

Bohlmann weiß was er tut. Er nennt das einen »bewussten Hilfeschrei« und wäre gern ein anderer. Aber daraus wird nichts. Haftstrafen, Therapien und neue Attentate wechseln sich ab. Ohne Wirkung bei ihm. Wenn er auf freiem Fuß ist, kriegt das Personal in Museen und Kunsthallen Schnappatmung, zusätzliche Sicherheitskräfte werden alarmiert.

MIT PICCOLOS IN DIE PINAKOTHEK. Am 20. April 1988 liegt die zweite Gefängnisstrafe hinter ihm. Er lässt sich wieder freiwillig in die Offene Psychiatrie in Hamburg einweisen und dort dann nur mal kurz beurlauben. Bohlmann fährt nach München und geht, ausgerüstet mit zwei Piccolofläschchen, gefüllt mit Schwefelsäure, in die Pinakothek.

Dort gießt er die Säure über drei weltberühmte Gemälde von Albrecht Dürer: den »Paumgartner-Altar«, die »Beweinung Christi« und die »Maria als Schmerzensmutter«. Der Schaden wird auf 100 Millionen Mark geschätzt. »In mir ist seelische Zerstörung, die schlimmer ist als die Zerstörung, die ich an den Gemälden angerichtet habe«, sagt er bei seiner Festnahme[4]. Es wird bis 2010 dauern, bis die Kunstwerke von Experten vollständig restauriert sind.

RECHT AUF FREIHEIT. Bohlmann wird vom Landgericht München zu zwei Jahren Haft wegen gemeinschädlicher Sachbeschädigung und Unterbringung in einem psychiatrischen Krankenhaus verurteilt. 16 Jahre später hebt das Hanseatische Oberlandesge-

↑ Säurespuren auf Dürers »Beweinung Christi« 1988
↗ Restauratoren 1988 in der Münchner Pinakothek

richt seinen Freiheitsentzug auf. Das Risiko neuer Anschläge ist den Hamburger Richtern und den Gutachtern bewusst. Sie wägen sein Recht auf Freiheit und den Schutz der Allgemeinheit und ihrer wertvollen Kunstgüter gegeneinander ab – zu Bohlmanns Gunsten. Ihn nach der Haft und langen Aufenthalten in der Psychoklinik noch länger wegzusperren, halten sie für unverhältnismäßig.

Tatsächlich scheint Bohlmann auf einem neuen Weg. In einem langen Gespräch mit dem SPIEGEL 2005 zeigt er Reue. Über seinen Anschlag auf die Dürer-Gemälde sagt er: »Es ist eine Sauerei, dass ich das gemacht habe. Es tut mir leid.« Scheinbar hochdifferenziert analysiert er sein Handeln. Seit seinem Klinikaufenthalt malt er selbst, will in seinem neuen Leben andere Schwerpunkte setzen. »Joggen, Beten, Bibellesen – das hat mir den Lebenssinn gegeben«, sagt er. Wiedergegeben meint er, scheinbar einsichtig und geläutert.

ENDE DES NEUEN LEBENS. Neun Monate später, am 25. Juni 2006, ist dann doch wieder der andere Bohlmann unterwegs. Der alte. Im Rijksmuseum Amsterdam spritzt er eine ätzende Flüssigkeit auf das monumentale Gemälde »Schützenmahlzeit zur Feier des Friedens von Münster« von Bartholomeus van der Helst aus dem Jahr 1648. Anschließend lässt er sich widerstandslos festnehmen. Die obere Schicht, der Firnis, wird stark beschädigt.

Der Kunstzerstörer kommt erneut in Haft. Wenige Monate nach seiner vorzeitigen Entlassung stirbt er am 19. Januar 2009 in Hamburg an einem Krebsleiden. Die Kunstwelt atmet durch.

---

1) Online-Sammlung Kunsthalle Hamburg;
2) Hamburger Abendblatt vom 20. Januar 1998;
3) DER SPIEGEL 40/2005;
4) ebenda

16

JUNGE DAMEN UND EDLE HERREN

Die Engelmacherin von St. Pauli

Eine Hebamme nimmt Säuglinge von alleinstehenden Frauen in Pflege und verbrennt die Neugeborenen im Ofen ihrer Wohnung.

Ein Foto im Archiv des Polizeimuseums zeigt Knochenreste der getöteten Säuglinge.

LETZTER GANG. Das geschriebene Protokoll ist gnadenlos. Nicht nur im Ton und in der Wortwahl. Nach den amtlichen Aufzeichnungen ist es zwei Minuten vor acht, als der Gefängnisbeamte die Zelle von Elisabeth Wiese im Hamburger Untersuchungsgefängnis betritt. »Machen Sie sich fertig zu Ihrem letzten Gang«, sagt er ohne erkennbare Regung zu der Inhaftierten. Dann gehen sie gemeinsam in den Hof der Haftanstalt. Der weitere Ablauf ist in den »Beiträgen zur Hamburgischen Kriminalitätsgeschichte« akribisch dokumentiert[1].

Am 2. Februar 1905 haben sich dort 40 Bürger als Zeugen versammelt. Sie nehmen ihre Mützen, Hüte oder Tücher vom Kopf, als zwei Knechte die Frau in Empfang nehmen. »Ganz ruhig, ohne Hilfe, mit gesenktem Kopf«, so steht es in dem Protokoll, steigt die Frau »die zehn Stufen der Guillotine empor«. Dort wird sie auf ein Brett geschnallt. »Und pfeilgeschwind sauste das 80 Pfund schwere Messer nieder, den Kopf vom Rumpf trennend«. Im offiziellen Aktenvermerk ist dann noch notiert, dass »der schauerliche Akt« der Hinrichtung insgesamt »kaum zwei Minuten gedauert« hat.

DIE TOCHTER WIRD VERKAUFT. Elisabeth Wiese wird nur 45 Jahre alt. Wegen der Tötung von mindestens fünf Säuglingen in nur wenigen Monaten gilt sie als eine der grausamsten Kindesmörderinnen in der Verbrechensgeschichte. Die Ermittler gehen sogar davon aus, dass sie insgesamt 16 Babys umgebracht haben könnte.

Die in der Nähe von Göttingen geborene Hebamme kommt Mitte der 1890er aus Hannover nach Hamburg und findet auf St. Pauli nur rund 150 Meter von der Reeperbahn entfernt in der Wilhelminenstraße eine Wohnung in einem Mehrfamilienhaus. Bis heute steht das Haus in der inzwischen umbenannten Hein-Hoyer-Straße. Ihr erlerntes Handwerk als Hebamme darf sie nach mehreren illegalen Abtreibungen und Betrügereien nicht mehr ausüben. Die »Engelmacherin« ist mit Berufsverbot belegt. Auf der Suche nach Geld für Miete und Lebensunterhalt verkauft sie zunächst die eigene Tochter Paula. »Junge Dame bittet einen edel denkenden Herrn um eine Unterstützung von 30 Mark gegen dankbare Rückzahlung«, annonciert sie in einschlägigen Hamburger Lokalzeitungen. Es ist nichts anderes als Sex gegen Bezahlung mit der eigenen Tochter, die sie per Zeitung anbietet. Das ist in jenen Tagen nicht unüblich. »Inseratenstrich« werden derlei Angebote genannt[2]. Und ihr Glaube steht der Katholikin dabei offenbar nicht im Weg.

EINMALIGE ABFINDUNG. Die Tochter spielt, wenn auch widerwillig, eine Zeit lang mit. Sie empfängt im Winter 1901/02 etliche Freier auf der Couch im Wohnzimmer der Familie. Die Wände sind dünn. Hausnachbarn werden ungewollt Ohrenzeugen[3]. Im Frühjahr wird ihr die Prostitution so zuwider, dass sie nach London flieht und dort eine Stelle als Dienstmädchen annimmt. Elisabeth Wiese sucht nach neuen Geldquellen.

Zum schlimmen Alltag in der Zeit um die Jahrhundertwende gehört auch, dass Dienstmädchen in bürgerlichen Familien oft missbraucht und dabei geschwängert werden. Für ihre Neugeborenen haben sie weder Zeit noch Platz und Geld. In Zeitungsannoncen bieten sie an, ihre Babys »gegen eine einmalige Abfindung für eigen abgeben« zu wollen. Manchmal für einen begrenzten Zeitraum, oft auch für immer. Elisabeth Wiese greift zu und bietet ihre Dienste an. Sie nimmt mehrere Säuglinge in Pflege und lässt sich das Babysitten mal mit 100 Mark, mal mit

Das Wohnhaus der Engelmacherin auf St. Pauli sieht fast noch aus wie vor 100 Jahren.

120 Mark bezahlen, aber auch schon mal mit 4000 Mark.

Allein zwischen Januar und April 1903 vertrauen vier Dienstmädchen ihre Babys der Wiese an. Die Säuglinge verschwinden schnell und spurlos. Wenn deren ledige Mütter doch mal nach ihnen sehen wollen, werden ihnen Lügen aufgetischt. Ihre Kinder seien in wohlhabenden Familien untergebracht, behauptet die Wiese, in London, Wien oder gar in Amerika. Dort hätten sie es besser als unter ärmlichen Umständen in Hamburg.

UNGEWÖHNLICHE HITZEENTWICKLUNG. Als eine der Mütter ihren kleinen Sohn Wilhelm wieder zu sich zurücknehmen will, fliegt das Lügengerüst nach und nach auf. Auch eine andere Mutter wird fast zeitgleich im April 1903 misstrauisch und meldet sich ebenfalls bei der Polizei. Ihre Ängste werden zu trauriger Gewissheit. Nach den Ermittlungen hat Wiese die nur wenige Wochen alten Säuglinge zunächst vergiftet und dann in ihrem Herdofen verbrannt.

Die Polizei findet bei einer Hausdurchsuchung Knochenreste, die damals nicht eindeutig zugeordnet werden können, und weitere Indizien wie zum Beispiel Morphium. Die Herdöfen in ihren Wohnungen, zunächst im 1. Stock, nach einem Wohnungswechsel später im Parterre, weisen Spuren ungewöhnlicher Hitzeentwicklung auf. Die Ermittler kommen zu dem Ergebnis, dass Wiese über den Verbleib der Kinder »die widersprüchlichsten und unglaubwürdigsten Aussagen« macht[4]. Zeugenaussagen belasten die Wiese zudem schwer.

Dazu gehört auch die eigene Tochter. Im Sommer 1902 kommt sie schwanger aus London zurück nach Hamburg und will das Kind bei Bekannten zur Welt bringen. Sie beschuldigt die eigene Mutter, ihr Baby gleich nach der Geburt in einem Wassereimer ertränkt zu haben. »Mach das Kind tot«, soll die sofort nach der Entbindung gesagt haben, bevor die Tochter das Bewusstsein verlor. Als sie wieder aufwachte, war das Neugeborene verschwunden. Vor Gericht sagt Paula, sie könne »die Angeklagte nicht mehr als ihre Mutter anerkennen«.

TÖTUNG MIT ÜBERLEGUNG. Das Schwurgericht kommt am 10. Oktober 1904 in seinem Urteil zum Ergebnis, dass Wiese jeweils »die Tötung mit Überlegung ausgeführt« hat. Dass sie zwischenzeitlich auch noch mehrfach vorsätzlich versuchte, ihren Ehemann zu vergiften, einen harmlosen Kesselflicker, fällt kaum noch ins Gewicht. Ebenso wenig, dass sie die eigene Tochter verkuppelte. Das Gericht verurteilt Elisabeth Wiese wegen der fünf toten Säuglinge »in jedem Fall zum Tode sowie ferner zum dauernden Verlust der bürgerlichen Ehrenrechte«.

Wiese behauptet bis zuletzt »ich habe keine Kinder umgebracht«. Ihr Widerspruch wird jedoch zurückgewiesen, der Antrag auf Revision verworfen. Nur der Eintrag in die Geschichtsbücher bleibt ihr.

1) »Beiträge zur Hamburgischen Kriminalitätsgeschichte« von Richard Wosnik, 1926;

2) Cellische Zeitung vom 14. Juni 2013;

3) Cellische Zeitung ebenda;

4) »Beiträge zur Kriminalitätsgeschichte« ebenda

↑ Das einzige Foto der Hebamme ...

↓ ... und ihre Totenmaske aus dem Museumsarchiv

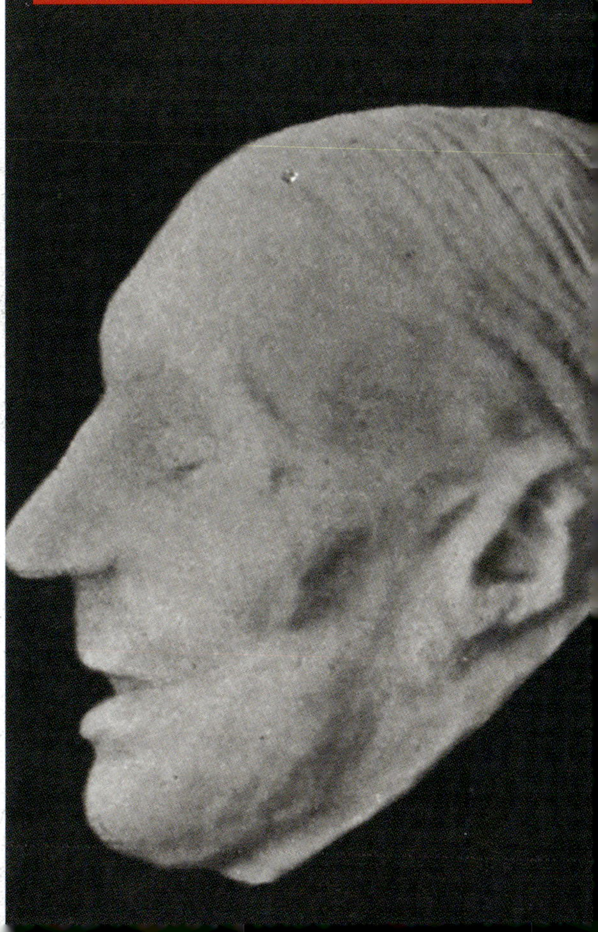

Auf dem Hans-Albers-Platz im Herzen von St. Pauli war das »Chikago«-Kartell zu Hause.

17

»NIEMALS POLIZEI!«

Die Kiezkartelle

Als die Machtverhältnisse im Rotlichtmilieu von St. Pauli noch mit Mord und Totschlag geregelt wurden.

STÄRKE UND NIVEAU. Es ist ein großer Auftritt. Sein letzter. Rund 400 Gäste sind an einem normalen Arbeitstag auf dem Ohlsdorfer Friedhof zusammengekommen, um Abschied von Thomas Born (63) zu nehmen. Fotografen und Kamerateams kämpfen um die besten Plätze, Reporter mit Schreibblöcken in der Hand umschwirren die Besucher wie Insekten. Neugierige säumen den Straßenrand.

Die Trauerhalle ist angerichtet. Den hellen Eichensarg schmücken weiße Rosen. Lieder von Ina Müller und Lionel Richie erklingen vom Band. Und auch: »Ich liebe das Leben« von Vicky Leandros. »Mit Stärke und Niveau hast du gelebt«, sagt eine Trauerrednerin, und die Trauergäste nicken ergriffen. »Keiner war so stark und vor allem nicht so fair«, sagt sie. Es fehlt nur noch der Applaus.

Die Szenerie bei der Trauerfeier am 13. Mai 2015 wirkt, als würde ein bekannter Schauspieler zu Grabe getragen. Zumindest ein großer Hamburger. Ein Blick auf die Trauerschar belehrt eines Besseren. Muskelbepackte Türsteher, tätowierte Rocker und Zuhälter mit Pferdeschwanz, an ihrer Seite alternde grellgeschminkte Bräute – sie geben das letzte Geleit und einen Eindruck von der Lebenswelt, die gerade für einen der ihren zu Ende gegangen ist.

CHRONIST DES ROTLICHTMILIEUS. Thomas Born war auch Schauspieler. Zumindest in seinem letzten Leben. In Vorabendserien wie »Großstadtrevier«, »SOKO Wismar« oder auch mal im Abendprogramm wie beim »Hafenpastor«. Meist in kleinen Nebenrollen. Ein wirklich Großer ist er nur in seinem wahren Leben. Als Kiezurgestein und Muskelmann der Zuhältergruppe »Nutella-Bande«. Am 1. Mai 2015 erliegt er ganz profan einem Herzinfarkt. Mit ihm stirbt eine der letzten Kiezgrößen und ein Stück St.-Pauli-Geschichte.

Gastronom Carsten Marek im legendären Boxkeller seiner Kultkneipe »Ritze«

Born steht für die Zeit, als Reeperbahn und Herbertstraße noch Synonyme für die »sündige Meile« waren und große Kiezkartelle mit Prostitution, Frauenhandel und auch mit Gewalt großes Geld verdienten. Der SPIEGEL nennt ihn einen »zentralen Chronisten des Hamburger Rotlichtgeschäfts« und denkt dabei wohl vor allem an seine dubiose Rolle. Born war einer der Chefs der »Nutella-Bande«, zuständig für die »Abteilung Stress«. Auf dem Kiez wird er gerufen, wenn Geld eingetrieben werden muss oder Konkurrenten zu aufmüpfig sind. »Wenn Thomas gekommen ist, hat er das geregelt«, sagt einer der Trauergäste mit einer gewissen Ehrfurcht in der Stimme in die Kameras.

Er komme ins Spiel, »wenn Geschäfte geregelt werden müssen, bei denen man eine gewisse Imposanz ausstrahlen muss«, so beschreibt Born einmal selbst seinen Job in einem TV-Interview. Gemeint sind damit Gewalt und eigene Regeln. Denn auf dem Kiez gilt zu seiner Zeit vor allem das Gesetz Nummer eins: »Niemals Polizei«.

REGELN UND GESETZE. Es sind die Siebziger- und Achtzigerjahre, als die »Geile Meile« noch für »goldene Zeiten« der Sexbranche steht. Bis zu 8000 Prostituierte schaffen in Hamburg an, so viele wie in keiner anderen deutschen Stadt, heißt es[1]. Die Branche macht Millionenumsätze, von denen vor allem die Zuhälter profitieren. Die protzen auf der Reeperbahn mit Luxusschlitten und goldenen Uhren an den Handgelenken. Und beherrschen den Strich nach eigenen Regeln und Gesetzen. Reviere werden untereinander aufgeteilt und verteidigt, wenn's sein muss, auch blutig.

Es ist die Zeit, als sich die Rolle der Kiezgrößen auch über ihre Namen artikuliert. Und klingen sie auch noch so schräg. Der ehemalige Fallschirmjäger Born ist auf dem Kiez nur »Karate-Tommy«. Er hat den schwarzen Gürtel in Judo und Karate, brachte es einst bis zum Europameister im Kickboxen und in Karate. Mit ihm legt man sich besser nicht an. Es gibt aber auch den »schönen Klaus« mit schulterlangen blonden Haaren, »King Kong« Uwe Bolm, den »Klatscher vom Kiez« und viele andere.

GESCHÄFTE MIT NUTELLA UND FÄUSTEN. Das wohl erste große Zuhälterkartell auf St. Pauli ist ab Anfang der Siebziger die »GMBH«. Die Kürzel stehen nicht für die Rechtsform eines ehrenwerten Unternehmens, sondern für die Initialen der Rufnamen ihrer vier Chefs: Gerd, Michael, »Beatle« und Harry. Ihr Revier sind vor allem die Großbordelle Eros-Center und Palais d'Amour an der Reeperbahn sowie die kultige Silbersackstraße, in der auch ihr Vereinslokal liegt. Ihre Macht hält sich bis Anfang der Achtzigerjahre, als sich die »GMBH« selbst auflöst. Angeblich aus Angst vor der Polizei. Aber auch die zunehmende Konkurrenz durch die »Nutella-Bande« dürfte eine Rolle gespielt haben.

Die neuen Herrscher sind Jungluden mit durchweg jüngeren Mädchen, die für sie auf den Strich gehen. Anfangs werden sie von der etablierten Konkurrenz noch als die Jungen belächelt, die mehr Nutella-Brote essen sollten, um groß und stark zu werden. Daher der Name. Aber stark sind die von Anfang an – »Karate-Tommy« vorneweg. Und immer bereit, »ihr« Revier brutal mit den Fäusten zu verteidigen und, wenn es sein muss, auch mit mehr. Unter der Führung vom »schönen Klaus« und Thomas Born umfasst die Bande Mitte der Achtziger um die 80 Zuhälter mit 350 Prostituierten, die für sie vor allem in der Herbertstraße und im Eros-Center anschaffen.

↑ Der Eingang »Zur Ritze« liegt im Hinterhof.
→ Die Herbertstraße mit ihren Bordellen
↓ Eingang zur Herbertstraße

TOTE UND VERLETZTE. Mit jeder Verschiebung der Machtverhältnisse ändern sich die Auseinandersetzungen, die Verteilungskämpfe werden härter. Es gibt Tote und Verletzte. Die Gewaltwelle beginnt, als »Chinesen-Fritz« Schroer am 29. September 1981 im Kieztreff »Die Ritze« vom Barhocker geschossen wird. Als Auftraggeber gilt sein damaliger Partner »Wiener-Peter« Nusser, der dem »Chikago«-Klan nahestehen soll. Eindeutig belegt wird das nie.

Zwei Wochen später ist Michael Luchting tot – das »M« der »GMBH«. Der »schöne Mischa« wird erhängt auf einem Hochsitz, nicht weit hinter der Hamburger Landesgrenze, gefunden. Eine Vermutung ist auch die Möglichkeit eines erzwungenen Selbstmords. Thomas Born selbst werden bis heute keine direkten Tötungsdelikte zugeschrieben. Aber in seinem Umfeld gibt es Mord und Totschlag – über ein Dutzend Leichen pflastern den Weg der Machtkämpfe zwischen den Kiezkartellen zu seiner Zeit in den Achtzigerjahren.

Born selbst kommt 1982 bei einer Schießerei nur knapp mit dem Leben davon. Um einen Streit im Eros-Center zu regeln, rückt er dort mit zwei »Nutella«-Komplizen an. Bevor sie jedoch Muskeln zeigen können, werden »SS-Klaus« Breitenbacher und »Angie« Jürgen Becker erschossen. Born rettet sich mit einem Bauchschuss und einem Sprung durch eine Holztür. Die Täter entkommen.

FLUCHT ÜBER DAS DACH. Ende der Achtzigerjahre wandert »Karate-Tommy« wegen Zuhälterei und Körperverletzung ins Gefängnis. Als er aus dem Knast kommt, gibt es die »Nutella-Bande« nicht mehr. Das Sagen hat jetzt »Chikago«, eine kleinere, aber noch brutalere Gruppe. Das Kartell nennt sich nach seinem Treffpunkt, einem Eiscafé am Hans-Albers-Platz, das später zum Musikklub »Chicago« wird und heute als »Frieda B.« beliebter Treff für ganz normale Partygänger ist.

Die Nähe des Auftragskillers »Mucki« Pinzner (siehe Kapitel 1) zu »Chikago« bringt den Neuen schnell den Ruf der gefährlichsten Bande ein. Im Dezember 1986 wirft die Staatsanwaltschaft Chikago-Anführer Reinhard »Ringo« Klemm Anstiftung zum Mord vor, und eine Polizeihundertschaft stürmt das Chikago. Klemm kann über das Dach fliehen und setzt sich nach Costa Rica ab. Es dauert einige Monate, bis er dort entdeckt und schließlich in seine Heimat ausgeliefert wird. Für die Beschaffung von Pinzners Mordwaffe bekommt er drei Jahre Haft, später wird er wegen Kokainhandels erneut verurteilt[2].

Auf »Chikago« folgt die »Marek-Bande«, deren Mitglieder sich gern »Hamburger Jungs« nennen. Die meisten der an die 80 Mann starken Truppe kennen sich vom gemeinsamen Kampfsport, als sie vom Jahr 2000 an zur mächtigsten Zuhältergruppe mit rund 200 Huren in mehreren Bordellen aufsteigen. Bis 2006 soll die Gruppe um den ehemaligen Klempner und Kickboxweltmeister Carsten Marek zweistellige Millionenbeträge erwirtschaftet haben.

MAREKS HAMBURGER JUNGS. Dann klagt die Staatsanwaltschaft ihn und etliche seiner »Jungs« als kriminelle Vereinigung und wegen Gefährdung der öffentlichen Sicherheit an. Mareks Anwälte behaupten, die Polizei sei über dessen Geschäfte »jahrelang auf dem Laufenden« gewesen[3]. Mehr noch: »Es entstand ein nahezu freundschaftlicher Kontakt, man trank gemeinsam Kaffee«. Am Ende saß Marek nur 13 Monate in Untersuchungshaft[4]. Aber die Zeiten im »Rotlicht«

↑ Ehemaliges Palais d'Amour an der Reeperbahn
↗ »Karate-Tommy« als junger Sportler
→ Kiezlegende Thomas Born

ändern sich. Die Aidsseuche erschwert das Sexgeschäft, das Internet verdrängt Pornokinos und Peepshows. Auf dem Kiez boomt in dunklen Ecken mehr und mehr der Drogenhandel, in der Glitzerwelt der Reeperbahn und ihrer Seitenstraßen entstehen Theater, Musikklubs und Bars. Die »Geile Meile« wird zu einer Art Broadway mit nur noch wenigen Hinterhofbordellen. Die Zeit der großen Zuhälterorganisationen ist vorbei.

VOM KIEZTREFF ZUR KULTKNEIPE. Carsten Marek wird 2007 unter anderem wegen gewerbsmäßigen Menschenhandels und Prostitution zwar zu 22 Monaten Gefängnis auf Bewährung verurteilt, braucht aber nur wenig mehr als die Hälfte abzusitzen. Inzwischen ist er Teil des »neuen« St. Pauli. Marek ist Mitpächter und Geschäftsführer der »Ritze«, die vom Kieztreff des St.-Pauli-Milieus zur Kultkneipe für Szenegänger geworden ist. Im legendären Boxring im Keller trainieren in schlechter Luft wieder Sportler. Gleichzeitig ist der Boxkeller aber auch Location für Galadiners und fester Bestandteil für Besichtigungstouren mit neugierigen Schaulustigen.

1) NDR-Fernsehmagazin »Panorama« vom 14. November 1996;

2) Hamburger Morgenpost vom 27. April 2020;

3) SPIEGEL online vom 14. Juni 2006;

4) DER SPIEGEL vom 21.10.2018

18

PANNEN IM TOTENWALD

Die Göhrde-Morde

Fast 30 Jahre nach den Bluttaten klärt ein pensionierter Kriminalist mit privaten Ermittlungen die ungeklärten Todesfälle auf.

In dem unscheinbaren Wohnhaus am Rand von Lüneburg geschah ein grausames Verbrechen.

Im privaten Alleingang mit Freunden klärte Kriminalist Wolfgang Sielaff die Morde auf.

PLEITEN, PECH UND PANNEN. Wolfgang Sielaff ist einer der bekanntesten Kriminalisten des Landes. Und wohl auch einer der erfolgreichsten. Der Ermittler baute unter anderem ein Zeugenschutzprogramm auf, er war Chef des neugegründeten Hamburger Landeskriminalamtes und verantwortlich für spektakuläre Ermittlungserfolge. Und bis zu seiner Pensionierung war er zugleich Stellvertreter des Polizeipräsidenten in der Elbmetropole.

Vor allem aber schrieb Sielaff Polizeigeschichte. 28 Jahre nach dem Mord an seiner Schwester Birgit Meier aus Lüneburg klärt er als Ruheständler fast im Alleingang das Verbrechen auf. Und entlarvt zugleich massive Ermittlungsfehler. Die Serie von Pleiten, Pech und Pannen und seine Suche sind vom Norddeutschen Rundfunk in einer dreiteiligen Dokumentation mit erschütternder Akribie nachgezeichnet[1].

DAS KERNTEAM ÜBERNIMMT. Sielaff geht 2002 als LKA-Präsident in Pension. Er beantragt als Bruder der Verschwundenen Akteneinsicht und bildet seine private Ermittlungsgruppe. Sein LKA-Nachfolger Reinhard Chedor gehört dazu. Der renommierte Gerichtsmediziner Klaus Püschel macht mit, der bekannte Strafverteidiger Gerhard Strate sowie einige Kollegen und Kolleginnen. Nach Feierabend und an Wochenenden versucht das »Kernteam«, wie sie sich nennen, das Schicksal von Sielaffs sechs Jahre jüngerer Schwester aufzuklären. Ein Team des NDR begleitet das über Jahre.

Woran fast schon niemand mehr geglaubt hatte, passiert 2017: Auf dem Anwesen eines von Beginn an Tatverdächtigen entdecken sie Überreste von Birgit Meiers Leiche. Es ist ein beispielloser Ermittlungserfolg in der deutschen Kriminalgeschichte. Und zugleich ein erschreckendes Dokument des Versagens von Polizei und Staatsanwaltschaft. Und trägt zugleich zur Aufklärung der Göhrde-Morde bei.

Fast 28 Jahre vorher, am 15. August 1989, klingelt bei Sielaff das Telefon. Am Apparat ist seine Nichte. »Die Mami ist weg«, sagt die 20-Jährige und weint. Ihre Mutter lebt zu dem Zeitpunkt getrennt von ihrem Mann, die offizielle Scheidung steht kurz bevor. Birgit Meier kann mit einer großzügigen Zahlung als Abfindung von ihrem Ex rechnen, er leitet erfolgreich eine gutgehende Druckerei. Von 500 000 Mark oder mehr ist die Rede.

BLAUBEERSAMMLER FINDEN LEICHEN. Zum Zeitpunkt ihres Verschwindens hat die Lüneburger Polizei den Kopf voll mit ganz anderen Dingen. Wenige Wochen zuvor, am 12. Juli, wird nicht weit entfernt von Meiers Wohnhaus das Hamburger Ehepaar Ursula und Peter Reinold ermordet aufgefunden. Ihre unbekleideten Leichen liegen in einer Senke der Göhrde, ein bei Ausflüglern sehr beliebter Staatsforst mit dem größten Mischwaldbestand Norddeutschlands. Als Blaubeersammler die Toten entdecken, werden diese schon seit sieben Wochen vermisst. Ihre Leichen sind bereits verwest und teilweise skelettiert.

Noch während die Polizei den Tatort untersucht, wird zur gleichen Zeit rund 800 Meter entfernt ein anderes fast gleichaltes Liebespaar ermordet. Das ergeben später die Ermittlungen. Die 46 Jahre alte Ingrid Warmbier aus Uelzen und ihr 43-jähriger Liebhaber Bernd-Michael Köpping aus Hannover sind beide verheiratet und suchen für ihre Affäre offenbar die Einsamkeit. Beide sind mit Plastikklebeband gefesselt, die Bluse der Frau ist hochgeschoben, ihr BH zerschnitten. Polizisten entdecken die beiden Leichen eher zufällig. Sie sind eigentlich auf der Suche nach Spuren im Mordfall Reinold.

HINGEHALTEN UND ABGEWIMMELT. Die Göhrde-Morde sorgen für Schlagzeilen. Vom »Totenwald« ist in den Medien die Rede. Spaziergänger und Ausflügler meiden ihn aus Angst. Die Polizei stellt Parallelen zwischen beiden Tötungsdelikten fest. Ihre ganze Aufmerksamkeit ruht auf den Göhrde-Morden. Wenn Sielaff sich auf kleinem Dienstweg mal in Lüneburg nach dem Stand der Ermittlungen zu seiner Schwester erkundigt, wird er hingehalten oder gleich abgewimmelt. »Behandeln Sie das Haus wie einen Tatort«, empfiehlt er. Der Rat geht ins Leere.

Dabei gibt es in dem Haus erste Verdachtsmomente auf den Täter, schon bald nach dem Verschwinden von Birgit Meier. Sie hat kurz zuvor bei Nachbarn auf einer Grillparty Kurt-Werner Wichmann kennengelernt, einen gut aussehenden und scheinbar biederen Friedhofsgärtner. Mit einer dunklen Seele. Er ist wegen Vergewaltigung, zahlreicher Sexualstrafraten und versuchter Tötung mehrfach vorbestraft. Er kannte Meier, war zu Gartenarbeiten bei ihren Nachbarn und hat ihr offenbar nachgestellt. Meiers getrennt lebender Ehemann berichtet den Ermittlern davon, eine Arbeitskollegin bestätigt seine Beobachtungen[2].

KEIN INTERESSE FÜR DEN GÄRTNER. Die Polizei interessiert das nicht sonderlich. Sie setzt bei Birgit Meier erst auf Selbstmord. Und dann auf freiwilliges Verschwinden. »Man ging stoisch von einem Vermisstenfall aus«, ärgert sich Sielaff später. Seine Kollegen in Lüneburg vernehmen Wichmann nur kurz und lassen sich mit einem dünnen Alibi abspeisen, ohne es eingehend zu prüfen. Außerdem zeigt ein vages Phantombild einen

↑ Sucharbeiten im Keller des Täters

↓ Unter dem Garagenboden lag die Leiche.

Mann mit Brille. Wichmann trägt keine. »Spätestens jetzt hätte ein Ermittlungsverfahren eingeleitet werden müssen«, sagt dagegen der erfahrene Ermittler Sielaff.

Irgendwann setzen die Fahnder voll und ganz auf Sielaffs Schwager. Wichmanns Dementis passen den überforderten Ermittlern nur zu gut ins Bild.

Am Tag nach ihrem Verschwinden sollte vor dem Notar die finanzielle Abfindung für Birgit Meier rechtlich besiegelt werden. Vielleicht wollte ihr Ex-Mann das Geld sparen? Für die Fahnder macht ihn das jedenfalls dringend tatverdächtig. Sielaff glaubt nicht daran: »Um Geld haben sich die beiden nie wirklich gestritten«, sagt er.

SPUREN IM GEHEIMEN ZIMMER. Es dauert dreieinhalb Jahre, bis eine neue Staatsanwältin in Lüneburg für das Verfahren zuständig wird. Sie ist es, die endlich ein förmliches Ermittlungsverfahren wegen Mordes gegen den Gärtner einleitet und eine Hausdurchsuchung bei ihm veranlasst. Als die Beamten an einem kalten Februarmorgen 1993 an der Tür zu seinem Backsteinhaus am Stadtrand von Lüneburg klingeln, öffnet seine Frau. Er ist nicht da. Sie rufen ihn am Arbeitsplatz an und bitten ihn höflichst, nach Hause zu kommen. Die Durchsuchung beginnt.

Im Keller schlägt der Leichenspürhund an, eine Leiche finden sie nicht. Hinter einer dick gepolsterten Tür im ersten Stock entdecken sie das »geheime Zimmer«, so nennt es Wichmanns Ehefrau Alice, die das Gemach nie betreten durfte. Nur ihr Mann und dessen Bruder haben Zutritt. In dem Zimmer finden die Ermittler Indizien für »dunkelste Fantasien«, so sagen sie. Darunter ein Kleinkalibergewehr mit Gewebespuren, ähnlich den Tatwaffen bei den Göhrde-Morden. Dazu einen Revolver, Messer, Dolche, Munition, Handschellen mit reiskorngroßen Blutspuren, medizinisches Handwerkszeug – alles zusammen zwölf Säcke voll. Die Ermittler sprechen von »einer Art Horrorkabinett«[3].

Dann entdecken die Ermittler im Garten ein Ford-Sportcoupé, das in einer Art Böschung komplett vergraben ist. Auf dem Rücksitz klebt Blut[4]. Wieder schlägt ein Leichenspürhund an. Wieder keine Leiche. Der Verdächtige erlebt das alles nicht mit. Er ist abgehauen. Trotzdem lehnt die Staatsanwaltschaft einen Haftbefehl ab, weil sie keinen »dringenden Tatverdacht« und keinen »konkreten Bezug« zum Opfer sieht.

SELBSTMORD IN DER ZELLE. Von Wichmann fehlt wochenlang jede Spur. Bis er am 15. April bei Heilbronn einen Autounfall verschuldet. Polizisten finden in seinem Auto Waffenteile und Munition und nehmen ihn mit aufs Revier. Zwei Ermittler aus Lüneburg reisen unverrichteter Dinge wieder ab, der Verdächtige verweigert jede Aussage. Zehn Tage später erhängt sich Wichmann in der Untersuchungshaft.

Schon bald darauf werden die Ermittlungen offiziell eingestellt. Formal ganz nach Vorschrift der Strafprozessordnung. Die sieht vor, dass gegen Tote nicht ermittelt werden darf. Weil sie nicht mehr zur Rechenschaft gezogen werden können. Der nächste fatale Fehler. Denn Indizien deuten darauf hin, dass Wichmann einen Komplizen gehabt haben muss. Der zum Beispiel seinen Wagen gefahren hat, wenn er sich um die Opfer und deren Autos kümmerte. Als Sielaff 2002 selbst übernimmt, ist er zunächst baff. »Zu meinem Entsetzen musste ich feststellen, dass die letzten zehn Jahre überhaupt nichts

↑ Im Garten findet die Polizei Damenstiefel.

↓ Vergrabenes Auto im Garten des Täters

mehr passiert war«, sagt er in der NDR-Dokumentation.

NEUE SPUREN IM FALL SEINES LEBENS. Nach Akteneinsicht geht er zusammen mit seinem Kernteam mögliche Tatabläufe und Verdachtsmomente durch. Die Privatermittlungen werden zum »Fall seines Lebens«. Schnell stoßen sie auf mögliche Zusammenhänge auch mit den Göhrde-Morden. Gemeinsam mit seinem Amtsnachfolger besucht er Wichmanns Haus. Dort lebt der zweite Ehemann von Wichmanns inzwischen verstorbener Frau. Auch zehn Jahre später existiert das »geheime Zimmer« fast noch unverändert. Sie entdecken Geheimfächer und Hohlräume, einen getarnten Fluchtweg über die Garage, Teile einer Abhörvorrichtung in eine Einliegerwohnung, Naziliteratur – und Videos der ZDF-Sendung »Aktenzeichen XY ... ungelöst«. In denen geht es um die vermisste Birgit Meier und um die Göhrde-Morde.

Die Spur wird härter. Sielaff berichtet das seinen Kollegen in Lüneburg. Es passiert? Nichts! Die Mauer der Ablehnung hält.

Bei neuen Grabungen findet die Polizei immer neue Spuren und Beweisstücke.

VERNICHTETE AKTEN UND ASSERVATE. Als 2015 ein neuer Polizeipräsident an die Spitze der Direktion Lüneburg rückt, ändert sich das endlich. Robert Kruse richtet eine Sonderkommission ein. Ihr Name: »Iterum« – lateinisch: »Zum wiederholten Male«. Ein erfahrener Kriminalist aus Rotenburg übernimmt die Leitung. Aber wo anfangen? Die Asservate sind komplett vernichtet, große Teile der Akten auch, angeblich wegen eines Wasserschadens. Der neue Leiter der Soko lässt sich nicht beirren. Er hat Biss. Stößt immer wieder auf Verdachtsmomente gegen Wichmann auch bei den Göhrde-Morden. Und entdeckt schließlich einen Hinweis in den Akten, der zu einem Durchbruch führt. Im Keller der Gerichtsmedizin in Hannover liegen noch die Handschellen. Sie sind das einzig noch verbliebene Asservat. Die Blutspuren werden mit neuer Technologie erneut untersucht, und es wird die DNA von Birgit Meier identifiziert. Es ist der Beweis.

Auch andere Spuren rücken über 25 Jahre nach ihrer Entdeckung endlich in den Blickpunkt. Im Auto der ermordeten Eheleute Reinold hatte die Polizei Hautschuppen festgestellt und mit Folien abgezogen. Jetzt endlich werden sie mit der DNA Wichmanns verglichen. Und siehe da: Treffer! Fast 30 Jahre nach den Göhrde-Morden ist sich die Polizei endlich sicher: Der Göhrde-Mörder ist der gleiche wie der Mörder von Birgit Meier.

SKELETT UNTER DER GARAGE. Sielaff und sein Kernteam nehmen sich noch einmal das Haus des Mörders vor. Vor allem eine Autogrube für Reparaturen in seiner Garage fesselt ihre Aufmerksamkeit. Die Grube ist zu flach zum Stehen. Und zu tief zur Arbeit im Liegen. Sie bohren den Betonboden an mehreren Stellen auf. Ohne Erfolg. Als sie schon aufgeben wollen, bricht an einer anderen Ecke eher zufällig ein Loch auf.

In Abseiten und Einbauschränken finden die Ermittler Verstecke und Zugänge zu Geheimräumen.

Dort finden sie tatsächlich einen Mittelfußknochen. Sie graben weiter und finden weitere menschliche Knochen, ein vollständiges Skelett. Und Schmuck. DNA-Tests und ein Vergleich des Zahnschemas bestätigen: Sie haben Birgit Meiers sterbliche Überreste gefunden, sie wurde durch einen Schuss in den Kopf getötet. Sielaff geht von einem Serienmörder aus und ordnet ihm 21 weitere Taten zu. Für ihn ist der Fall allerdings erledigt. Aus leidvoller Unsicherheit wurde endlich schmerzvolle Gewissheit.

SUCHE NACH DEM KOMPLIZEN. Der Cold Case bleibt auch nach Wolfgang Sielaff noch warm: Bei neuerlichen Grabungsarbeiten finden die Ermittler 400 Asservate, meist von Frauen: Damenschuhe, Handtaschen, Geldbörsen, Kleidungsstücke, Küchenmesser. Bundesweit wird seitdem in ungelösten Mordfällen nach Übereinstimmungen ermittelt. Die Lüneburger sind sich sicher, dass Wichmann mindestens einen Komplizen hatte. Wer das ist, dafür fehlt es ihnen an durchschlagenden Beweisen, zumindest noch. Ihr vielleicht wichtigster Anhaltspunkt für offene Fragen ist Wichmanns Bruder. Der schweigt.

1) NDR-Dokumentation »Eiskalte Spur« zur Verfilmung als Krimi »Das Geheimnis des Totenwaldes«, Februar 2020;

2) DIE ZEIT vom 24. April 2018;

3) NDR-Dokumentation;

4) www.luenepedia.de

Das neue Verlagsgebäude des Nachrichtenmagazins DER SPIEGEL erstrahlt jetzt in der HafenCity.

19

»EIN ABGRUND VON LANDESVERRAT«

Die SPIEGEL-Affäre

Wie Bundesregierung und Bundesanwaltschaft die Pressefreiheit kriminalisieren und ungewollt die Republik verändern.

ÜBERFALL AUF DIE REDAKTION. Es ist eine regnerische, typisch hamburgische Herbstnacht, wenige Minuten nach 21 Uhr, als die SPIEGEL-Redaktion im Pressehaus mitten in der City unangemeldet Besuch bekommt. Die meisten Reporter haben ihre Sachen längst gepackt und sind Zuhause. Nur zwei Dutzend Mitarbeiter, meist technische Redakteure, erledigen noch letzte Arbeiten. Sie machen die neueste Ausgabe des Nachrichtenmagazins druckfertig, als Kriminalbeamte, Soldaten des Militärischen Abschirmdienstes und Polizisten von drei Überfallkommandos handstreichartig die Redaktion stürmen und alle Büros besetzen. Die Arbeitsplätze und das Archiv werden durchsucht, zeitgleich ebenso das Hauptstadtbüro in Bonn und einige Privatwohnungen. Die Beamten beschlagnahmen private Notizen, Briefe und persönliche Unterlagen. Alle Schreibmaschinen der Redaktion werden einkassiert, außerdem 30 000 Dokumente und Papiere konfisziert. Die beiden Chefredakteure werden zu Hause festgenommen, ebenso einige Journalisten und der Verlagsgeschäftsführer. SPIEGEL-Gründer und Herausgeber Rudolf Augstein stellt sich am nächsten Tag freiwillig und kommt in Haft. Es ist Freitag, der 26. Oktober 1962, als der politisch inszenierte und organisierte Angriff auf die Pressefreiheit stattfindet, der später als SPIEGEL-Affäre in die Geschichtsbücher eingeht. Es ist ein bespielloser Akt von Staatskriminalität, der die noch junge Bundesrepublik erschüttert und das Land verändert.

BEDINGT ABWEHRBEREIT. Der Grund für die Staatsaktion ist eine Titelgeschichte des Nachrichtenmagazins, die der amtierenden Bundesregierung so gar nicht in den Kram passt. Und bei der Razzia sogar schon zwei Wochen zurückliegt. Auf 17 trockenen und zum Teil schwer lesbaren Seiten berichtet der SPIEGEL, dass die deutsche Bundeswehr im Falle eines militärischen oder gar nuklearen Konflikts kaum verteidigungsfähig sei. In einem NATO-Manöver hatten die deutschen Streitkräfte gerade die schlechteste aller Noten erreicht[1]. »Bedingt abwehrbereit« lautet deshalb die Titelzeile der Coverstory. Die Ausrüstung der Bundeswehr sei schlecht, so lautet die Analyse. Es mangele an allem: Soldaten, Geräte, Waffen. Im Falle eines atomaren Konflikts mit dem Warschauer Pakt drohe der Bundesrepublik eine schwere Niederlage mit horrenden Opferzahlen.

LANDESVERRAT ODER PRESSEFREIHEIT. Das Verteidigungsministerium wertet den Beitrag als schweren Landesverrat und wirft dem Magazin aktive Bestechung vor. Es behauptet, wichtige Informationen seien Bundeswehroffizieren gegen gutes Geld abgekauft worden. Einen Beleg dafür liefert das Ministerium nicht.

Der junge Rudolf Augstein auf dem Cover des Magazins zur Titelgeschichte über die SPIEGEL-Affäre 1962

Die Affäre ist ein Kriminalfall von ganz besonderer Art und Brisanz, wie man ihn später so wohl nur in Diktaturen und autokratischen Systemen erlebt. Denn tatsächlich haben die Journalisten interne und streng geheime NATO-Dokumente ausgewertet. Damit verstoßen sie gegen Auflagen zum Geheimschutz. Formal kann man das Geheimnisverrat nennen. Aber die SPIEGEL-Autoren berufen sich auf ein höheres Verfassungsgut: Sie bewerten ihre Informationspflicht und die Pressefreiheit höher als die politischen Interessen der Regierung.

NAZIJURIST WITTERT VERSCHWÖRUNG. Verantwortlich für den Angriff auf die Pressefreiheit ist Bundesanwalt Albin Kuhn. Der Jurist und promovierte Staatswissenschaftler aus der bayerischen Provinz leitet bei der Bundesanwaltschaft die Abteilung Landesverrat und ist politisch selbst schwer belastet. Der ehemalige Nationalsozialist hat während Hitlers Naziherrschaft als Staatsanwalt am Sondergericht Würzburg an sechs Todesurteilen mitgewirkt[2]. Ausgerechnet Kuhn sieht in dem Magazinbeitrag eine »weitverzweigte, gegen die Verteidigungspolitik gerichtete Verschwörung«. Kein Wort davon, dass er, wie sich später herausstellt, auch noch von ganz anderen Motiven geleitet ist.

Politische Paranoia ist zu dem Zeitpunkt Teil der öffentlichen Debatte, denn Deutschland ist durch den Mauerbau Ostberlins frisch geteilt, ein Atomkrieg zwischen Ost und West zumindest jederzeit denkbar. Aber für die reale Verschwörung zeichnen ganz andere Protagonisten verantwortlich. Der Bundesanwalt steht bei seiner Entscheidung nämlich in engem Austausch mit Verteidigungsminister Franz Josef Strauß von der bayerischen CSU, der Pläne für eine atomare Aufrüstung schmiedet. Und den in seiner Amtsführung stets ein »Ruch von Korruption« umweht. Immer wieder deckt der SPIEGEL größere oder kleinere Schandtaten von ihm auf. Und Strauß wettert öffentlich gegen den »publizistischen Terror« aus Hamburg.

HILFE VON STERN UND ZEIT. Strauß selbst veranlasst in Abstimmung mit Kuhn die Staatsaktion und sorgt zugleich dafür, dass der für die Bundesanwaltschaft eigentlich zuständige Bundesjustizminister außen vor gelassen wird. Wolfgang Stammberger von der FDP weiß von nichts, als der Obrigkeitsstaat in Hamburg mit seiner ganzen Macht zuschlägt. Vier Wochen lang bleibt die Redaktion des SPIEGEL besetzt. Nur durch die Hilfe anderer Verlage kann das Magazin weiter erscheinen. Vor allem beim »Stern« und bei der »Zeit« kommen SPIEGEL-Kollegen vorübergehend unter und finden Arbeitsmöglichkeiten. Auf den Straßen demonstrieren Tausende gegen den staatlichen Machtmissbrauch.

VON DER STAATSAFFÄRE ZUR HANDFESTEN STAATSKRISE. Die Bundesregierung lässt sich nicht beirren, der Kanzler stellt sich an die Seite von Strauß. »Wir haben einen Abgrund von Landesverrat im Lande«, wettert der greise Regierungschef Konrad Adenauer im Bundestag. Er behauptet, dass vom SPIEGEL »systematisch, um Geld zu verdienen, Landesverrat getrieben wird«. Einen Beweis bleibt er schuldig. Strauß selbst lügt Parlament und Öffentlichkeit ins Gesicht. »Ich habe mit der Ingangsetzung des Verfahrens nichts zu tun gehabt«, erklärt er. Tatsächlich veranlasst er unter anderem sogar persönlich, dass der Justizminister nicht informiert und der Journalist und Autor Conrad Ahlers während seines Urlaubs in Spanien verhaftet wird.

Aus der Staatsaffäre wird eine Staatskrise. Vier Wochen nach der Besetzung des SPIE-

GELs treten die fünf FDP-Minister auf Beschluss ihres Parteivorstandes geschlossen zurück. Kurz darauf muss auch Strauß sein Amt niederlegen.

SIEG DER PRESSEFREIHEIT. Herausgeber Rudolf Augstein kommt erst nach 103 Tagen wieder auf freien Fuß, Autor Conrad Ahlers bleibt immerhin 56 Tage im Gefängnis, sein Co-Autor Hans Schmelz 81 Tage. Juristisch unterliegt die Bundesregierung auf ganzer Strecke. Der Bundesgerichtshof lehnt 1965 die Eröffnung des Hauptverfahrens gegen Augstein ab. Ein Gutachten kommt zu dem Ergebnis, dass die Titelgeschichte »nicht als das Wohl der Bundesrepublik Deutschland und wichtige Interessen gefährdend angesehen werden« konnte[3]. In Fällen von Landesverrat seien Medien nicht wie Agenten oder Spione zu behandeln. Auch die anderen Verfahren gegen SPIEGEL-Mitarbeiter werden nach und nach eingestellt.

Der SPIEGEL seinerseits ist 1966 vor dem Bundesverfassungsgericht nur bedingt erfolgreich. Die höchsten deutschen Richter erklären die freie Presse immerhin zu einem »Wesenselement des freiheitlichen Staates«, ein Rechtsgrundsatz, an dem nie mehr zu rütteln ist: Der Staat müsse »überall, wo der Geltungsbereich einer Norm die Presse berührt, dem Postulat ihrer Freiheit Rechnung tragen«.

Die Verfassungsbeschwerde des SPIEGELs gegen die Besetzung der Redaktion wurde jedoch abgewiesen – wegen Stimmengleichheit unter den Verfassungshütern.

↑ Polizeieinheiten im Innenhof des Pressehauses

↓ Besetzung des Konferenzraums der Redaktion

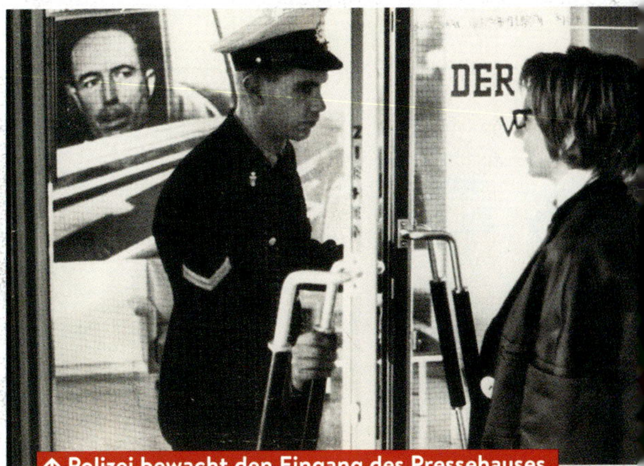

↑ Polizei bewacht den Eingang des Pressehauses.

↓ Augstein ist wieder frei und zurück im Pressehaus.

---

1) Warum die SPIEGEL-Affäre immer noch wichtig ist«, Interview SPIEGEL 1/2022;

2) SPIEGEL ebenda;

3) Strafrechtsprofessor Christoph Safferling im SPIEGEL-Interview vom 20. November 2021

20

WEISSER TOD

Der Trümmermörder

Vier unbekleidete Leichen aus dem Nachkriegswinter geben der Polizei bis zum heutigen Tag Rätsel auf.

Im Kellereingang zwischen Kriegsruinen wird 1947 eine der unbekannten Leichen entdeckt.

SCHLIMME ZEITEN DER NOT. Es ist ein schlimmer Winter Anfang 1947, den die Stadt so in ihrer Geschichte wohl noch nicht erlebt hat. Hamburg liegt in Trümmern. Über 50 Prozent des Wohnraums sind komplett zerstört, das sind fast 300 000 Wohnungen vor allem in den Arbeitervierteln östlich der Alster. Dazu sind weitere rund 150 000 Behausungen durch Bombenangriffe in den letzten Kriegsjahren schwer in Mitleidenschaft gezogen[1]. Als wenn das noch nicht genug Elend ist, erschwert Eiseskälte das Leben in der Stadt. Rekordtemperaturen werden gemessen, minus 20 Grad und manchmal noch mehr. Chronisten sprechen oft vom schlimmsten Winter des 20. Jahrhunderts.

Die grimmige Kälte hält länger an als gewöhnlich und trifft auf eine ausgezehrte und geschwächte Bevölkerung. Brenn- und Treibstoffmangel fordern Opfer. Hunderte Menschen verhungern in diesen Wochen oder erfrieren, sterben den »weißen Tod«. Genaue Zahlen gibt es nicht. Not und Elend sind so groß, dass der Kölner Erzbischof Josef Kardinal Frings einer Art Mundraub göttlichen Segen erteilt. »Wir leben in Zeiten, da in der Not auch der Einzelne das wird nehmen dürfen, was er zur Erhaltung seines Lebens und seiner Gesundheit notwendig hat«, predigt er zum Jahreswechsel von der Kanzel. Er meint damit wohl das »Organisieren« von Nahrung und Kohle, auf welchem Weg auch immer. Das wird von den notleidenden Menschen daraufhin »fringsen« genannt. Aber wer kennt schon wirklich die Grenzen des Selbsterhaltungstriebs?

SPIELPLATZ ZWISCHEN SCHUTT UND STEINEN. Zwischen all der Not versuchen die Kleinen einen halbwegs normalen Kinderalltag zu leben. Sie trotzen Hunger und Kälte und machen die Trümmerlandschaften zu ihrem Spielplatz. Es ist ein Achtjähriger, der am 20. Januar 1947 beim Spielen in einer völlig zerbombten Fabrik nahe des Bahnhofes »Landwehr« eine grausame Entdeckung macht. Zwischen Schutt und Steinen liegt eine unbekleidete Frauenleiche. Die Tote ist knapp 20 Jahre alt, rund um ihren Hals ist eine millimeterbreite Spur zu sehen. Sie ist offensichtlich mit einer Schnur erdrosselt worden. Kleidungsstücke oder private Habseligkeiten sind nicht zu finden. Die schlecht ausgestattete Kriminalpolizei übernimmt. Sie setzt 1000 Reichsmark als Belohnung für Hinweise aus der Bevölkerung aus. Die Beschreibung auf einem Fahndungsplakat ist mager: »Mittelblondes halblanges Haar, blaue Augen, vorne vollständige Zähne, Blinddarmoperationsnarbe, keine Arbeitshände«[2].

LEICHE MIT SPAZIERSTOCK. Noch bevor die Ermittlungen richtig auf Touren kommen können, gibt es die nächste Leiche. Fünf Tage nach dem ersten Fall finden Schrottsammler einen Toten auf einem Ruinengrundstück im Stadtteil Eimsbüttel, auf der anderen Seite der Alster. Der steifgefrorene Tote liegt nackt auf dem Rücken, er ist etwa 65 bis 70 Jahre alt und nur 1,60 Meter groß. Etwas anders als bei der jungen Frau weist er Spuren von Misshandlungen oder eines Kampfes auf: Eine Fleischwunde am Kinn, Blut an den Ohren, Schlagspuren an der Stirn, notieren die Ermittler. Neben der Leiche liegt ein schwarzbrauner Spazierstock mit Krücke aus Bambus. Einen Raubmord hält die Polizei für »unverkennbar«[3].

Aufkommende Unruhe in der Bevölkerung wächst schnell zu einer leichten Panik. Wiederum sechs Tage danach entdeckt ein Schiffswächter in einem zwei Meter tiefen Aufzugsschacht einer ausgebrannten Matratzenfabrik in der Nähe des Billekanales ein totes Mädchen. Die Kleine ist sechs bis acht Jahre alt, völlig entkleidet und erdrosselt.

Der verurteilte Mörder Rudolf Pfeil bezichtigt sich fälschlich auch der Trümmermorde.

Danach dauert es elf Tage, bis in den Trümmern des ehemaligen Industriegebietes Hammerbrook eine vierte Leiche gefunden wird. Die Frau ist gut 30 Jahre alt, ebenfalls nackt und erdrosselt.

BESTIE IN MENSCHENGESTALT. Die Polizei geht von einem Serienmörder aus. Es sind die Parallelen, die aus Sicht der Ermittler kaum einen Zweifel daran lassen. In allen Fällen ist der Fundort nicht der Tatort. Schleifspuren belegen das nahezu unzweifelhaft. Alle vier Leichen sind unbekleidet und offensichtlich ausgeraubt, alle vier weisen vergleichbare Tatmerkmale am Hals auf, die auf eine Strangulierung mit einer dünnen Schnur hindeuten. Die Identität der Vier ist nicht aufzuklären und bleibt bis heute ungeklärt. Niemand vermisst jemals die Toten. Und alle weisen trotz der widrigen Umstände in dem Rekordwinter mit Hungersnot einen vergleichsweise guten Allgemeinzustand auf, sind sogar eher wohlgenährt.

Die Polizei ist ratlos. Sie druckt 50 000 Fahndungsplakate, die in allen Besatzungszonen verteilt werden. »Ein Mörder geht um: Eine Bestie in Menschgestalt!« steht darauf in fetten Buchstaben. Eltern werden aufgefordert, ihre Kinder vor »Mitschnackern« zu warnen. Kriminalbeamte filzen Schwarzhändler und beschatten Bahnhöfe. Es hält sich der Verdacht, dass es sich bei dem Mörder um einen »Durchreisenden« handeln könnte. In den Ausgabestellen von Lebensmittelkarten wird gefahndet, rund 1000 Personen werden befragt. Auch die Zahnprothese eines der Opfer und die Recherchen bei Zahnärzten helfen nicht weiter.

UNHOLD ODER FAMILIENTAT? Die Polizei hat keine Spur. In der Stadt wird aus Angst mehr und mehr Panik. Die Warnungen der hilflosen Polizei werden immer obskurer. Männer und Frauen werden aufgefordert, im Dunkeln zwischen den Trümmern und Ruinen immer in der Mitte der Wege zu gehen, damit niemand sie aus Kellerverschlägen »anspringen« könne. »Gebt Obacht – ein Unhold ist am Werke«, heißt es in Zeitungen. Aber mit dem vierten Mord endet die Serie schlagartig.

Die Ermittler gehen jetzt davon aus, dass es sich bei den Opfern um Mitglieder einer Familie handelt. Der Mörder, so die Theorie, ist ein Verwandter der seine ganze Familie ausgelöscht hat. Die deswegen auch von niemandem vermisst wird. Als Motiv gehen die Ermittler von einem Familienvermögen aus, das der Täter womöglich als Alleinerbe einstreichen will.

BEKENNTNISSE DES TOTMACHERS. Die Annahme wird nur kurz erschüttert, als sich der verurteilte Mörder Rudolf Pfeil zu Wort meldet. Er hat zehn Frauen getötet und vergewaltigt und sucht nach Aufmerksamkeit. Er nennt sich »Totmacher« und prahlt mit weiteren Taten. Auf Leinenstreifen, die in seiner Kleidung eingenäht sind, bekennt er sich zu zwei Morden in Hamburg, wiederruft diese Aussage aber später doch wieder[4].

Die Polizei ist ratlos. »Alle diese umfangreichen Ermittlungen ergaben nicht den geringsten Hinweis auf den Täterkreis noch auf die Identität der Ermordeten«, heißt es lapidar in den Akten. Intern bleiben die Ermittler bei ihrer verheißungsvollsten Theorie: eine Familientat. Auch das Bundeskriminalamt übernimmt die Version und geht Mitte der Fünfzigerjahre wegen der »offenbar begüterten Opfer« von einem »Beseitigungsmord von Familienangehörigen« aus. Aber die Spuren verlaufen sich ohne Ergebnis, das öffentliche Interesse schwindet.

FÜNFTES GLIED DER KETTE? Zehn Jahre später meldet sich noch einmal einer der Ermittler der ersten Stunde zu Wort. »Ich glaube immer mehr, dass es sich bei den Ermordeten um eine Familie handelt und der Mörder das fünfte Glied dieser Kette ist«, gibt Kriminalrat Hans Löhr in einem Zeitungsinterview zu Protokoll[5]. Aber Glauben ist nicht Wissen. Die Spur bleibt kalt, eiskalt. Wie der Winter 1947.

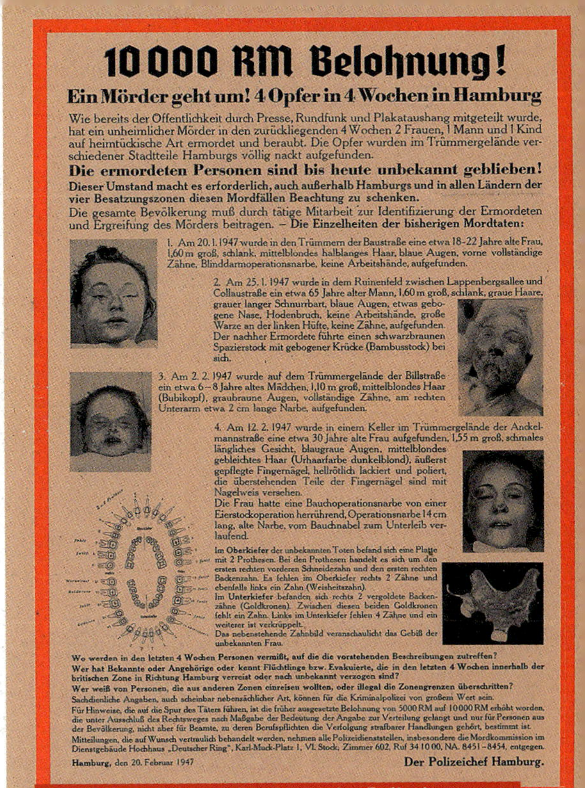

10 000 RM Belohnung!

Ein Mörder geht um! 4 Opfer in 4 Wochen in Hamburg

Wie bereits der Öffentlichkeit durch Presse, Rundfunk und Plakataushang mitgeteilt wurde, hat ein unheimlicher Mörder in den zurückliegenden 4 Wochen 2 Frauen, 1 Mann und 1 Kind auf heimtückische Art ermordet und beraubt. Die Opfer wurden im Trümmergelände verschiedener Stadtteile Hamburgs völlig nackt aufgefunden.

Die ermordeten Personen sind bis heute unbekannt geblieben!

Dieser Umstand macht es erforderlich, auch außerhalb Hamburgs und in allen Ländern der vier Besatzungszonen diesen Mordfällen Beachtung zu schenken.

Die gesamte Bevölkerung muß durch tätige Mitarbeit zur Identifizierung der Ermordeten und Ergreifung des Mörders beitragen. – **Die Einzelheiten der bisherigen Mordtaten:**

1. Am 20. 1. 1947 wurde in den Trümmern der Baustraße eine etwa 18-22 Jahre alte Frau, 1,60 m groß, schlank, mittelblondes halblanges Haar, blaue Augen, vorne vollständige Zähne, Blinddarmoperationsnarbe, keine Arbeitshände, aufgefunden.
2. Am 25. 1. 1947 wurde in dem Ruinenfeld zwischen Lappenbergsallee und Collaustraße ein etwa 65 Jahre alter Mann, 1,60 m groß, schlank, graue Haare, grauer langer Schnurrbart, blaue Augen, etwas gebogene Nase, Hodenbruch, keine Arbeitshände, große Warze an der linken Hüfte, keine Zähne, aufgefunden. Der nachher Ermordete führte einen schwarzbraunen Spazierstock mit gebogener Krücke (Bambusstock) bei sich.
3. Am 2. 2. 1947 wurde auf dem Trümmergelände der Billstraße ein etwa 6–8 Jahre altes Mädchen, 1,10 m groß, mittelblondes Haar (Bubikopf), graubraune Augen, vollständige Zähne, am rechten Unterarm etwa 2 cm lange Narbe, aufgefunden.
4. Am 12. 2. 1947 wurde in einem Keller im Trümmergelände der Anckelmannstraße eine etwa 30 Jahre alte Frau aufgefunden, 1,55 m groß, schmales längliches Gesicht, blaugraue Augen, mittelblondes gebleichtes Haar (Urhaarfarbe dunkelblond), äußerst gepflegte Fingernägel, hellrötlich lackiert und poliert, die überstehenden Teile der Fingernägel sind mit Nagelweis versehen.
Die Frau hatte eine Bauchoperationsnarbe von einer Eierstockoperation herrührend, Operationsnarbe 14 cm lang, alte Narbe, vom Bauchnabel zum Unterleib verlaufend.
Im Oberkiefer der unbekannten Toten befand sich eine Platte mit 2 Prothesen. Bei den Prothesen handelt es sich um den ersten rechten vorderen Schneidezahn und den ersten rechten Backenzahn. Es fehlen im Oberkiefer rechts 2 Zähne und ebenfalls links ein Zahn (Weisheitszahn).
Im Unterkiefer befanden sich rechts 2 vergoldete Backenzähne (Goldkronen). Zwischen diesen beiden Goldkronen fehlt ein Zahn. Links im Unterkiefer fehlen 4 Zähne und ein weiterer ist verkrüppelt.
Das nebenstehende Zahnbild veranschaulicht das Gebiß der unbekannten Frau.

Wo werden in den letzten 4 Wochen Personen vermißt, auf die die vorstehenden Beschreibungen zutreffen?

Wer hat Bekannte oder Angehörige oder kennt Flüchtlinge bzw. Evakuierte, die in den letzten 4 Wochen innerhalb der britischen Zone in Richtung Hamburg verreist oder nach unbekannt verzogen sind?

Wer weiß von Personen, die aus anderen Zonen einreisen wollten, oder illegal die Zonengrenzen überschritten?

Sachdienliche Angaben, auch scheinbar nebensächlicher Art, können für die Kriminalpolizei von großem Wert sein.

Für Hinweise, die auf die Spur des Täters führen, ist die früher ausgesetzte Belohnung von 5000 RM auf 10 000 RM erhöht worden, die unter Ausschluß des Rechtsweges nach Maßgabe der Bedeutung der Angabe zur Verteilung gelangt und nur für Personen aus der Bevölkerung, nicht aber für Beamte, zu deren Berufspflichten die Verfolgung strafbarer Handlungen gehört, bestimmt ist.

Mitteilungen, die auf Wunsch vertraulich behandelt werden, nehmen alle Polizeidienststellen, insbesondere die Mordkommission im Dienstgebäude Hochhaus „Deutscher Ring", Karl-Muck-Platz 1, VI. Stock, Zimmer 602, Ruf 34 10 00, NA. 8451–8454, entgegen.

Hamburg, den 20. Februar 1947

Der Polizeichef Hamburg.

↑ Das Fahndungsplakat hängt im Polizeimuseum.

↓ Unbekleidete Frauenleiche zwischen Autoschrott

---

1) Multimediaprojekt »hamburgstundenull.de«, 2015;

2) Fallsammlung Polizeimuseum Hamburg;

3) Polizeimuseum ebenda;

4) ebenda;

5) Hamburger Abendblatt vom 14. Februar 1967

Haft und Flucht machen aus Thomas Holst optisch einen anderen Menschen (links 1993, rechts 1995).

21

GEMÜTLOSER PSYCHOPATH

Der Heidemörder

Weil eine Therapeutin an die einzigartige Liebe glaubt,
kann ein Serienmörder aus der
Geschlossenen Psychiatrie ausbrechen.

DUMMER SPASS ZUM JAHRESWECHSEL? Die meisten Beamten auf dem Polizeirevier 31 in Barmbek-Uhlenhorst sind mit ihren Gedanken wohl schon im neuen Jahr, als die Tür aufgeht und ein unscheinbarer Mann den Wachraum betritt. Sein Auftreten ist freundlich und bestimmt. »Ich bin Thomas Holst«, sagt er. Und die Diensthabenden glauben an diesem 30. Dezember 1995 an einen Dumme-Jungen-Spaß. Oder einen üblen Scherz zum Jahresabschluss. Nichts an dem Mann erinnert an die Bilder des berüchtigten »Heidemörders«, nach dem sie schon so lange suchen: Der blickt auf ihren Fotos doch etwas dicklich mit blonder Haartolle in der Stirn und gewinnendem Lächeln in die Kamera. Der Gast in der Polizeiwache dagegen ist abgemagert, sein Schädel ist zu einer Halbglatze glattrasiert. Die Freizeitklamotten sind alles andere als elegant. Von der charmanten Ausstrahlung ist nichts mehr übrig. Aber sicher ist sicher. Polizisten nehmen den Mann fest. In seinem Rucksack entdecken sie 157 000 Mark in bar. Schnell ist klar: Die Flucht eines der meistgesuchten Verbrecher und Serienmörder, der nach einem spektakulären Ausbruch aus dem Hochsicherheitstrakt der Geschlossenen Psychiatrie Angst im ganzen Land verbreitet hat, ist beendet[1]. Sätze der Erleichterung werden in Zeitungen und Funkhäusern formuliert.

AUSGEKLÜGELTE TAKTIK. Was da noch niemand ahnt und eher wie Zufall aussieht, war das Ergebnis kluger Taktik der Ermittler. Sorgfältig ausgeklügelt und geplant. Ihr Fahndungserfolg beendet die Diskussion um einen Fall, der längst zum Politikum in der Stadt geworden ist. Und Fragen aufwirft. Justiz und Polizei müssen sich seit Wochen zum Teil harsche öffentliche Kritik gefallen lassen.

Es ist eine Vergewaltigung im Hamburger Osten, die Holst im Januar 1988 das erste Mal polizeilich aktenkundig macht. Und nach der vielleicht alles hätte anders kommen können. Holst überfällt in Wandsbek eine 19-jährige Gymnasiastin, zerrt sie in einen Hausflur und vergewaltigt sie. Nur weil sie nach anfänglicher Gegenwehr am Ende alles über sich ergehen lässt und beruhigend auf ihn einredet, lässt er sie laufen. Das Gericht verurteilt ihn vier Monate nach der Tat wegen Nötigung, Freiheitsberaubung und Körperverletzung zu 18 Monaten Freiheitsentzug auf Bewährung. Der Vorwurf der Vergewaltigung wird von Polizei und vor Gericht fallen gelassen. Angeblich habe sich das Opfer am Ende mit den sexuellen Handlungen einverstanden erklärt.[2] Dass die junge Frau nur so ihr Leben retten konnte – für Ermittler und Juristen offenbar nicht vorstellbar.

KEIN INFORMATIONSAUSTAUSCH. Es gibt wohl vor allem deshalb keinen Informationsaustausch zwischen Sittendezernat und Mordkommission. Das war schon unmittelbar nach der Tat so. Obwohl nur knapp sechs Wochen zuvor eine junge Frau aus dem Hamburger Westen ermordet wurde und es womöglich vergleichbare Tatmerkmale geben könnte. Die 21-Jährige ist damals auf dem Heimweg vom S-Bahnhof zum Elternhaus in Rissen am westlichen Stadtrand, als sie abgefangen und danach vergewaltigt, erdrosselt und anschließend mit einem Messer malträtiert wird. Die halbnackte Leiche wirft der Täter im wahrsten Sinne des Wortes weg. Sie wird auf einem Feld bei Kaltenkirchen hinter der Stadtgrenze entdeckt. Ob es einen Zusammenhang mit der Vergewaltigung in Wandsbek gibt? Niemand stellt sich diese Frage.

Thomas Holst bleibt unter dem Radar der Mordermittler. Daran ändert auch seine Bewährungsstrafe im Mai 1988 nichts. Niemand im Gericht kommt auf die Idee, einen

Auf einem Feld bei Kaltenkirchen entsorgt der Heidemörder die Leiche eines seiner Opfer.

brutalen Lustmörder vor sich zu haben. Unter anderem wegen der Strafe zur Bewährung finden Fall und Täter keinen Eingang in die Sexualtäterkartei. Einen Spurenabgleich mit dem alten Mordfall gibt es trotz einiger Parallelen nicht.

ÜBEREINSTIMMUNGEN IM MODUS OPERANDI. Kaum einen Monat später ist eine 28-jährige Mutter von zwei kleinen Kindern tot. Ihre nackte Leiche wird halb entkleidet auf einem Acker, nicht weit hinter der Stadtgrenze, im Osten der Stadt entdeckt. Thomas Holst hat erneut zugeschlagen. Die Tatmerkmale sind mit dem Mord in Rissen vergleichbar. Die junge Mutter wurde ebenfalls verschleppt, sexuell missbraucht, erwürgt, ihr Körper geschändet. Irgendwann später wird die Polizei in ihren Aufzeichnungen festhalten: »Es gab Übereinstimmungen im Modus Operandi«[3]. Dazu gehört auch, dass Holst jeweils in der Nähe wohnte. Aber das ahnt zu diesem Zeitpunkt niemand. Lokale Medien kritisieren später lautstark »mangelndes Kombinationsvermögen« der Ermittler – vor allem nach dem dritten Mord.

Es dauert gut anderthalb Jahre, bis Holst wieder zuschlägt. Er ist inzwischen nach Buchholz an den Rand der Lüneburger Heide gezogen, zusammen mit einer Freundin. Das Opfer wohnt in seiner Nähe, er kennt sie aus der Nachbarschaft. Am 26. November 1989 verpasst die 22-jährige Kosmetikschülerin die Bahn nach Hamburg. Er bietet ihr an, sie im Auto mitzunehmen. Sie vertraut ihm, denn man kennt sich ja. Fünf Tage später wird ihre Leiche an einer Böschung am Rande eines Waldstücks entdeckt: wieder vergewaltigt, brutal erdrosselt und schwer misshandelt. Die Ermittler kommen Holst auf die Spur – wenn auch eigentlich eher zufällig. Dann finden sie Blut und DNA-Spuren der ermordeten Kosmetikschülerin unter anderem in seinem Auto, einem grünen Renault R5. Er gesteht.

KRANKHAFTE MORDLUST. Sein letzter Mord wird zu seinem Namen: Der »Heidemörder«. Und beschreibt seine Grausamkeit doch nur höchst unzureichend. Das Landgericht Stade verurteilt ihn wegen des dritten Mordes zu 14 Jahren Haft und Unterbringung in einer psychiatrischen Anstalt. In Hamburg wird er außerdem wegen »krankhafter Mordlust«[4] in den beiden anderen Tötungsdelikten zu lebenslanger Haft verurteilt. Gutachter beschreiben den Angeklagten als »gemütlosen Psychopathen« mit »unverminderten Tötungstrieben« und «extremer Rückfallgefahr«. Er landet hinter Gittern in der geschlossenen Psychiatrie. Dass ihm von dort fast genau auf den Tag ein Jahr danach, am 27. September 1995, der Ausbruch gelingt, hat etwas damit zu tun, wie er auf Frauen wirkt. In Haus 18 der Psychiatrischen Klinik in Hamburg-Ochsenzoll verfällt ihm seine Beschäftigungstherapeutin. Die ausgebildete Diplompsychologin öffnet ihm die Sicherheitsschleuse zur Anstaltsturnhalle und beschafft ihm ein Seil, mit dem er sich vom Dach herablassen kann. Außerdem mietet sie ihm eine unverdächtige Einzimmerwohnung in einem gutbürgerlichen Stadtteil in der Nähe der Alster. Für die gemeinsame Flucht in ihre Heimat hebt die gebürtige Israelin 250 000 Euro von ihrem Sparkonto ab.

DAS HEFT DES HANDELNS. Eine 50-köpfige Sonderkommission fahndet drei Monate nach dem ausgebrochenen Serienmörder. »Jeden Tag hätte er wieder morden können« – das ist die Angst der Ermittler, bis sie durch die Bankabhebung auf die Therapeutin aufmerksam werden. Es ist die Polizeipsychologin der Soko, die den Gesuchten mit seiner narzisstischen Persönlichkeit am besten durchschaut. Sie entwickelt die entscheidende Strategie. Holst halte sich für besonders intelligent und suche nach Anerkennung, das sind die wichtigsten Eckpunkte im Psychogramm der Polizeipsychologin: Von anderen gefasst zu werden, komme in seinem Selbstverständnis nicht vor: »Er musste das Konzept des Handelns in der Hand behalten«[5]. Darauf baut ihre Polizeitaktik auf. Am 29. Dezember nehmen sie die Therapeutin fest. Sie wollen dem Flüchtigen so »die finanzielle und moralische Unterstützung entziehen«, sagt die Polizeipsychologin später[6]. Ihre Prognose ist, dass er sich dann stellen wird. Und sie soll recht behalten. Am Tag nach der Festnahme seiner Therapeutin steht Holst im Polizeirevier. Großspurig behauptet er, das sowieso vorgehabt zu haben. Sein Ausbruch sei nur ein Hilferuf gewesen: Gegen die schlechten Bedingungen in der Psychiatrie. Er habe sich in schwerer Seelennot befunden. Tatsächlich wolle er »tatkräftig an der Herbeiführung eines Therapieerfolges« mitwirken.

THERAPIE AUS NÄCHSTENLIEBE. Seine Therapeutin und Psychologin stützt die These. »Ich wollte diesem Mann aus Nächstenliebe zu einer Therapie verhelfen«, sagt sie vor Gericht[7]. Aber nicht nur das. »Thomas ist der

Nach der Flucht versteckte sich Holst in einer Mietwohnung.

erste Mann, in den ich mich verliebt habe.« Sie wollte ihm zu einem Leben in Freiheit in Israel verhelfen. Stattdessen wird sie zu zwei Jahren Haft verurteilt. Im März 1997 heiraten der Mörder und seine Therapeutin im Besucherzimmer der Klinik, er nimmt ihren Namen an. Eine Klage auf »Vollzug der Ehe« wird 2003 abgelehnt. Holsts Bitte um Erleichterung des Maßregelvollzugs, indem er seine Frau in eigens eingerichteten Besucherzimmern der Psychiatrie unbeobachtet treffen kann, stößt auf Widerspruch der Klinikleitung. Die fürchtet um das Leben der Frau und sieht erneute Fluchtgefahr. Holst bleibt hinter Gittern. Und seine Ehe nur auf dem Papier.

---

1) Hamburger Abendblatt v. 23.1.2021: »Hamburg vor 25 Jahren – Wie eine Psychologin den Heidemörder jagte«;

2) sh:z vom 30. Januar 2012;

3) Fallsammlung Polizeimuseum Hamburg;

4) Polizeimuseum ebenda;

5) DER SPIEGEL 2/1996;

6) ebenda;

7) Hamburger Abendblatt, 2021

22

WIE DER NORDEN ROCKT

Der Störtebeker-Schädel

Ein gestohlener Totenkopf aus dem Hamburger Museum für Geschichte nährt die Spekulationen um den legendären Freibeuter und Robin Hood der Meere.

Störtebeker-Figur und sein angeblicher Schädel im Museum für Hamburgische Geschichte

HIP-HOP ALS ALIBI. Die Hamburger Hip-Hopper »Fettes Brot« sind nicht die einzigen Popmusiker, die der Piratenlegende Klaus Störtebeker ein eigenes Lied gewidmet haben. In ihrem frühen Kultsong »Nordic by Nature« reimen sie zum Beispiel: »Schon Störtebeker wusste, dass der Norden rockt, und hat mit seinem Kahn hier gleich angedockt«. Dass ihr Song eines Tages als Motiv für ein Verbrechen herhalten muss, können sie da nicht mal ahnen.

Ein 36-jähriger Hamburger jedenfalls ist nach einem Museumsbesuch so begeistert von dem legendären Freibeuter und den Geschichten über den »Likedeeler« (Gleichteiler), der als eine Art Robin Hood der Meere angeblich den Reichen nimmt und den Armen gibt, dass er den Schädel des Piraten klaut. Sein Bruder wird später aussagen, dass er fasziniert von den Überlieferungen gewesen sei. Und eine Liedzeile von »Fettes Brot« leicht umgedichtet immer wieder gesungen habe. Etwa so: »Ja, ihr hört richtig, heute ist Discozeit, weil alles nach Köpfen schreit« – statt »... nach Disco schreit«[1]. Was wahr daran ist, bleibt genauso unklar wie manche Details über Störtebekers wahre Geschichte. Und ob es ihn überhaupt gegeben hat.

SPURLOS VERSCHWUNDEN AUS DEM GLASKASTEN. Es gehört zu den vielen Ungereimtheiten um seine Person, dass Mitarbeiter des »Museums für Hamburgische Geschichte« am 9. Oktober 2010 plötzlich feststellen, dass der angebliche Schädel Störtebekers verschwunden ist. Er steht normalerweise auf einem Sockel in einem Schaukasten aus Glas. Und ist aufgespießt auf einem kräftigen, 34 Zentimeter langen Eisennagel. Wann und wie er verschwunden ist, bleibt unklar. Zuletzt gesehen haben Mitarbeiter den Schädel sieben Tage zuvor. Der Schaukasten ist unbeschädigt. Allerdings ist er auch ungesichert. Keine Alarmanlage, keine Videokamera. Trotz der hohen Versicherungssumme. Ein unerlaubter Zugriff über die Rückfront der Vitrine ist ein Leichtes.

JAHRHUNDERTEALTES RELIKT. Der Schädel ist ein antikes Relikt. Er wird 1878 bei Grabungen zum Bau der Speicherstadt am Rande des Hamburger Hafens entdeckt, zusammen mit einem zweiten. Dort wo bis heute das UNESCO-Kulturerbe Touristen anzieht und die modernistische HafenCity als neuer Stadtteil mit der Elbphilharmonie als Wahrzeichen erwachsen ist, liegt im Mittelalter die unscheinbare Elbinsel Grasbrook. Bedeutung hat das öde Eiland nur als Hinrichtungsstätte. 1401 soll hier der Legende nach ein Scharfrichter den Freibeuter Klaus Störtebeker und rund 30 seiner Vitalienbrüder geköpft haben. Die Kaperfahrer waren im 14. Jahrhundert berüchtigt, auf Nord- und Ostsee zunächst im Auftrag und später auf eigene Rechnung Handelsschiffe gekapert zu haben. Bis sie im Frühjahr 1401 vor Helgoland von einer mächtigen Hamburger Flotte besiegt und aufgebracht worden sein sollen.

Zur Abschreckung werden ihre Köpfe mit langen schweren Eisennägeln auf Holzpfähle gespießt, so heißt es in Überlieferungen. So stehen sie als eindeutige Warnung an der Hafeneinfahrt, bis die Dalben irgendwann morsch werden und untergehen. Es wächst im wahrsten Sinne des Wortes erst Schlick und dann Gras über ihre Geschichte, bis fast vierhundert Jahre später die Schädelskelette wieder auftauchen.

VITALIENBRÜDER ODER GEWALTUNTERNEHMER? Ob es Störtebeker so jemals gegeben und welche Rolle er auf den Meeren tatsächlich gespielt hat, ist historisch umstritten. Der Name Störtebeker kommt aus dem Niederdeutschen und heißt so viel wie

»Stürz den Becher« – getreu der Überlieferung, dass der Freibeuter ein äußerst trinkfester Bursche war. Der Legende nach kam Störtebeker aus Wismar, bevor er als Vitalienbruder und Freibeuter gen Hamburg segelte. Andere Historiker sehen als Namensgeber eher den Danziger Kaufmann Johann Störtebeker. Der Händler war tatsächlich Kapitän eines Schiffes, ließ sich aber von Herrschern als »Gewaltunternehmer«, eine Art Söldner, anwerben, um feindliche Schiffe zu kapern. Der Legende und der Hamburgensie tut das keinen Abbruch. Störtebeker ist aus der Stadt nicht wegzudenken. In der HafenCity erinnert eine Statue an ihn.

FASZINIERENDE GEHEIMNISSE. Mit Hilfe neuer wissenschaftlicher Methoden wird seiner Authentizität sogar auf die Sprünge geholfen. Es ist der renommierte Forensiker und Professor für Rechtsmedizin Klaus Püschel, der mit anderen Wissenschaftlern zu neuen Erkenntnissen kommt. »Voller Ehrfurcht« hat er 1999 die Gelegenheit, zusammen mit Kollegen die gefundenen Totenköpfe zu untersuchen. Und es gelingt ihm, dem »Schädel faszinierende Geheimnisse zu entlocken«, schreibt er in seinem Buch[2]. Mit Hilfe der sogenannten »Radiokarbonmethode« kommen die Wissenschaftler dem Alter des Schädels auf die Spur. Das Verfahren beruht auf der Erkenntnis, dass das Isotop Kohlenstoff-14 nach dem Tod eines Lebewesens mit konstanter Geschwindigkeit zerfällt und winzigste Knochenmengen präzise Datenbestimmungen ermöglichen. Püschels Ergebnis: Der Schädel stammt »mit größter Wahrscheinlichkeit aus der Zeit zwischen 1380 und 1450« – was genau in die Zeit der Hinrichtung von Störtebeker passt[3]. Püschel und Kollegen können zudem das Lebensalter auf 25 bis 35 Jahre bestimmen und das Geschlecht als männlich – passt! Vor allem aber können sie bei einer genauen Analyse der Nagelung beider Schädel feststellen, dass der von Störtebeker offenbar mit einer Klinge behutsam vorgebohrt wurde. Püschel nennt das »ein sensationelles Ergebnis«. Denn solche Sorgfalt wird im Mittelalter keinem anderen aufgenagelten Schädel zuteil. »Diese Vorbereitung ließ man bewusst einer herausgehobenen Persönlichkeit unter den Seeräubern zukommen. Man wollte, dass der Schädel dieses Mannes bei der Nagelung nicht zerbirst, sondern als abschreckendes Beispiel möglichst lange am Hafeneingang prangert und gut erhalten bleibt«, schreibt Püschel: »Dies belegt, dass es sich um einen der Anführer der Seeräuber gehandelt haben muss«[4].

STÖRTEBEKER BEKOMMT EIN GESICHT. Mit jedem Untersuchungsergebnis wird der Schädel wertvoller – Störtebeker hin oder her. Denn für das Museum ist endgültig klar: Der Totenkopf hat herausragenden wissenschaftlichen Wert. Eine französische Künstlerin rekonstruiert kriminalistisch die Anatomie des Schädels und gibt Störtebeker ein plastisches Gesicht, das im Museum zu bewundern ist. »Das i-Tüpfelchen aller Forschungen«, sagt Püschel.

Umso größer ist das Entsetzen, als das Fehlen des Kopfes entdeckt wird. Das Museum trauert um einen seiner »wichtigsten Schätze«, sagt Museumsdirektorin Lisa Kosok, und ein »Schlüsselstück der Stadt«[5]. Ein Wissenschaftler des Museums glaubt nicht mehr daran, »dass wir ihn zurückbekommen«.

JONNY UND DER UNBEKANNTE. Den Ermittlern fehlt lange jeder Anhaltspunkt und jede Spur. Aber sie geben nicht auf. »Man hat drei, vier Fälle im Leben, die einen als Ermittler besonders bewegen, dieser Fall gehört dazu«, sagt Hauptkommissar Joachim Schulz, ein Spezialist für Kunstraub. Am Ende hilft ein Zufall. Wegen eines Verkehrsdeliktes kommt die Polizei an einen

Aus dem Museum für Hamburgische Geschichte wird der antike Schädel entwendet.

40-jährigen Hamburger namens Jonny, in einem Film hätte es nicht besser erfunden sein können. Der Mann erzählt ganz nebenbei eine wirre Geschichte vom großen Unbekannten. Den er angeblich dabei beobachtet hat, als der auf St. Pauli hinter einem Baucontainer einen Beutel versteckt, in dem er später den Schädel findet und mit nach Hause nimmt.

Die Geschichte ist schierer Unsinn, so stellt sich irgendwann heraus. Richtig aber ist, dass Jonny im Besitz des Schädels ist. Ein Freund, sein »bester Kumpel« Sven, zeigt ihm die »Trophäe«. Angeblich hofft der auf eine Belohnung. Jonny nimmt ihm das Diebesgut ab. Er will es nur in Sicherheit bringen, so sagt er. Bis er es nicht mehr aushält und sich bei der Polizei meldet. Als ersten Beweis liefert er nur den »rechteckigen Nagel aus handgeschmiedetem Eisen«. Kriminaltechniker und Wissenschaftler des Museums bestätigen die Echtheit. Drei Wochen später bringt er den ganzen Schädel und will nicht mal die Belohnung über 5000 Euro kassieren. »Ich wollte auf den scheiß Kopf nicht mehr aufpassen«, sagt er später vor Gericht aus, wo er sich als Hehler verantworten muss[6].

BLÖDSINN GEGEN DIE DEPRESSION. Die Motivlage bleibt weiter verworren. Jonny, Sven und dessen Halbbruder stehen vor Gericht und können kaum überzeugende Antworten liefern. »Aus Blödsinn« habe er ihn geklaut[7], behauptet Sven. Dann wieder will er ihn von einem Dritten zur Aufbewahrung bekommen und gehofft haben, damit »aus meiner Depression zu kommen«. Von dem Hip-Hop-Song aus den Polizeiverhören ist keine Rede mehr. Schädel und Nagel jedenfalls sind unversehrt, die Echtheit kann bestätigt werden. Die Freude im Museum ist groß. Es gewährt zwei Tage freien Eintritt[8]. Die Täter und Beteiligten kommen vergleichsweise glimpflich davon: Mit Bewährungs- beziehungsweise Geldstrafen.

---

1) Fallsammlung Polizeimuseum Hamburg;
2) Klaus Püschel/Bettina Mittelacher: »Tote schweigen nicht«; Ellert & Richter; 8. Auflage 2021;
3) ebenda;
4) »Toten schweigen nicht«, ebenda;
5) DIE WELT v. 17.3.2011;
6) dpa auf sh:z.de vom 8. November 2012;
7) Süddeutsche Zeitung v. 7.12 2012;
8) SZ, ebenda

Aus der Dornheim Bootswerft ist
inzwischen ein beliebter Freizeittreff geworden.

23

FANG IM ANGLERPARADIES

Der Ölfassmord

Die Leiche eines fast perfekten Verbrechens
taucht im wahrsten Sinne des Wortes in einem Seitenkanal auf
und wirft bis heute ungeklärte Fragen auf.

BERUFUNG AN DER ALSTER. Es gibt Berufe und Berufungen, die ergeben nur an bestimmten Orten einen Sinn. So eine Profession ist »Alsterabfischer«. Bernhard Dornheim ist so einer. Er betreibt Anfang der Achtziger eine kleine Werft am Osterbekkanal und ist nebenbei Alsterabfischer. Er trägt damit seinen Teil zur Renaturierung und ökologischen Instandhaltung der Alster bei. Die ist eigentlich ein unbedeutendes Flüsschen, das im Süden Schleswig-Holsteins kurz vor der Landesgrenze entspringt und mitten in Hamburg zu zwei Binnenseen aufläuft. Dort sind die Binnen- und die Außenalster das Herzstück und Wahrzeichen der Metropole, ein Lieblingsplatz für Sport und Freizeit, beliebter Anlaufpunkt für Touristen. Und zugleich ein Anglerparadies.

Die Osterbek ist ein schmaler Nebenfluss, meist kaum tiefer als zwei Meter und großenteils mehr ein Bach, der im Osten der Stadt entspringt und viele Kilometer lang bis zur Alster läuft. Der untere Teil vor der Mündung wurde bereits im 19. Jahrhundert kanalisiert und für örtliche Ansiedlung von Industriebetrieben schiffbar gemacht. Fabriken siedelten sich am Kanal an, zum Beispiel zur Produktion von Gummiwaren oder für den Bau von Hafenkränen, dazu kleine Werftanlagen. Die bekannte Kulturfabrik »Kampnagel« direkt am Kanal gibt bis heute ein geschichtliches Zeugnis dieser Industrieära.

Dornheims Bootswerft, ein Markenname für den Bau von Kanus, hat Anfang der Achtzigerjahre noch Bedeutung als Handwerksbetrieb für die Sportschifffahrt. Am 9. November 1984 müssen Arbeiter der Werft ihrer anderen Zuständigkeit nachkommen. Und machen einen ungewöhnlichen Fang. Ein großes schwarzes Ölfass, das von der Polizei schon am Vormittag im Kanal treibend gesichtet worden war, ist beim Werftgelände schräg gegenüber vom Fußballplatz des Stadtteilvereins USC Paloma unter einer Trauerweide angelandet. Es wird geborgen. Und zum Zeugnis des womöglich perfekten Mordes.

VERPACKUNG NACH MAFIA-ART. Die Bergung ist kein leichtes Unterfangen. Das Fass, das nur zwei Handbreit aus dem Wasser ragt, wiegt um die 230 Kilo, so werden die Ermittler später feststellen. Als der Deckel geöffnet wird, ist für die Abfischer zwischen Sand und Plastik »der behaarte Teil eines menschlichen Körpers zu erkennen«[1]. Rechtsmediziner stellen fest, dass in dem Fass kopfüber eine sorgsam verpackte und verschnürte männliche Leiche steckt. Der Tote ist in blaue und durchsichtige Plastikplanen und ein 13 Meter langes Endloshandtuch eingewickelt, wie man es aus öffentlichen Toiletten oder Gaststätten kennt. Das Paket ist mit Seilen und Elektrokabeln verschnürt[2]. Die Beine sind nach hinten angewinkelt und nach Mafiaart am Rücken von den Knöcheln mit den Armen stramm festgebunden.

Der Tote hat zwei Einschüsse im oberen Rückenbereich und einen im Hinterkopf, der wohl tödlich war. Mehrere schwere Kopfverletzungen werden mit »stumpfer Gewalteinwirkung« erklärt. Die Leiche ist bemerkenswert elegant gekleidet, soweit das nach dem unfreiwilligen Bad noch zu erkennen ist. Das Opfer trägt einen dunklen schwarzblauen Anzug mit Nadelstreifen, ein beigefarbenes Oberhemd mit passendem Schlips in Blaugrau, schwarze Halbschuhe und ebenfalls blaugraue Socken. Hinweise auf seine Identität und den Todeszeitpunkt finden die Ermittler zunächst nicht. Bis sich auf die öffentliche Fahndung zwei Tage später eine junge Frau telefonisch meldet. »Ich glaube, dass der Tote in der Tonne mein Vater sein könnte«, sagt die Anruferin der Polizei[3]. Und sie hat recht.

Das originale Leichenfass mit vorgebohrten Löchern ist im Polizeimuseum ausgestellt.

ENDE EINES LOTTOMILLIONÄRS. Die Polizei identifiziert den Toten als Karl-Hinrich Lienau aus Pinneberg. Der 44-Jährige ist auf den ersten Blick alles andere als ein für die Mafia hochinteressantes Objekt. Aber durchaus ein schillernder Typ. Im Dezember 1982 ereilt ihn das große Glück: Er wird Lottomillionär. Auf dem Verrechnungsscheck mit seinem Namen steht die für ihn unfassbare Summe von 1 008 289,60 Mark. Den Geldregen versucht er vor dem Finanzamt und vor Unterhaltsforderungen seiner geschiedenen Frau zu verschleiern, er parkt die Kohle zunächst auf dem Konto eines Freundes.

Später beteiligt sich Lienau mit 200 000 Mark an der Diskothek »Jingle« in Pinneberg, die einen etwas zweifelhaften Ruf genießt. Gerüchte, dass im Stockwerk über der Bar mit kleiner Tanzfläche Frauen anschaffen, sind nicht totzukriegen. Er selbst wohnt im Obergeschoss des Klinkerhauses am Wedeler Weg. Einen Teil des Gewinns legt er in Kanada in Wertpapieren an, finden die Hamburger Ermittler heraus. Das Tatmotiv, der Tatort und die Täter bleiben jedoch im Dunkeln.

Anderthalb Tage vor Entdeckung seiner Leiche wird Lienau das letzte Mal gesehen. In der Nacht zum 8. November 1984 steht er noch wie meistens hinter der Bar im »Jingle«. Als seine Freundin ihn am nächsten Morgen sucht, ist sein Zimmer über der Disco durchwühlt, von ihm fehlt jede Spur. Sein Ledermantel ist weg, auch Armbanduhr und Ringe. Es fehlen Reiseutensilien wie sein Rasierapparat und ein Nageletui. Und vor allem ist auch ein bordeauxfarbener Lederkoffer mit Zahlenschloss verschwunden, in dem er die Wertpapiere und Zertifikate kanadischer Banken sowie andere wichtige Dokumente aufbewahrt. Ermittler der Mordkommission vermuten später, dass die Täter eine überstürzte Abreise oder Flucht Lienaus vortäuschen wollten.

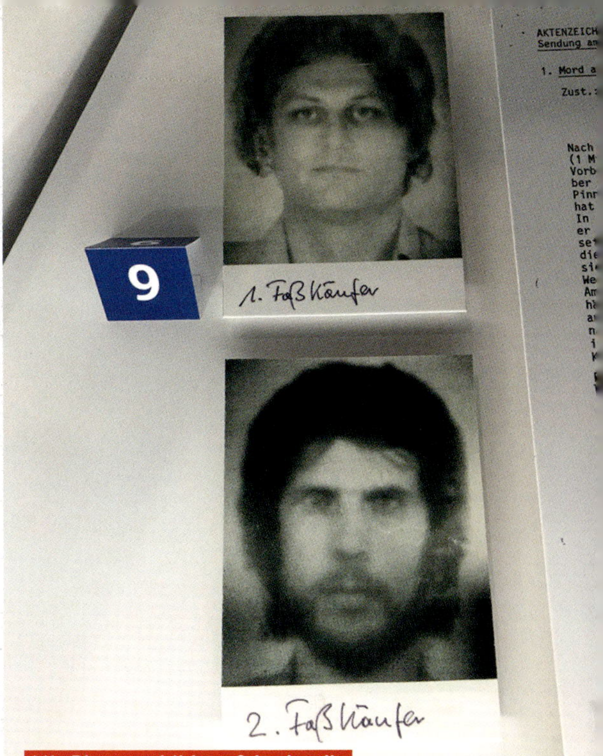

Mit Phantombildern fahndet die Polizei nach den unbekannten Tätern.

ÜBERFASS FÜR CHARLY. Seine Mörder gehen offenbar davon aus, dass »Charly« oder »Kalli«, wie er von Freunden genannt wurde, spurlos verschwindet und die Leiche nie gefunden wird. Oder zumindest nicht so schnell. Sie glauben dafür gut vorgesorgt zu haben. In einem Fachbetrieb im Stadtteil Billbrook kaufen zwei etwa 30 Jahre alte Männer am Morgen des 8. November jedenfalls ein schwarzes Spezialfass von gut einem Meter Höhe und knapp 65 Zentimetern Durchmesser mit einem Fassungsvermögen von 250 Litern. Das sogenannte »Überfass« wird gern von Polizei und Feuerwehr benutzt, um toxische Flüssigkeiten zu entsorgen. Die Rechnung über 191,52 Mark ist auf einen »Werner Herzog« mit Adresse im Rotlichtviertel von St. Pauli ausgestellt – beides frei erfunden.

Die Entsorgung des Opfers ist sorgfältig geplant. Das Fass mit der Leiche füllen die Täter noch kiloweise mit Sand und Zement, fast bis zum Deckel. Nur etwa 20 Zentimeter bleiben frei. Dazu legen sie eine 15 Kilogramm schwere Sporthantel in die Tonne. In die Metallwände des Fasses, das im Hamburger Polizeimuseum zu besichtigen ist, schlagen sie »Flutlöcher«, damit das Fass besser absinkt. Die Mörder tun alles, damit ihr Opfer im wahrsten Sinne des Wortes nicht wieder auftaucht. Warum die über 230 Kilogramm schwere Fracht gleichwohl an die Oberfläche geschwemmt wird und den Osterbekkanal heruntertreibt, bleibt ebenso ungeklärt wie die Frage: von wo?

LÜCKEN IN DER BEWEISFÜHRUNG. Die Mordkommission verdächtigt einen Teilhaber Lienaus sowie einen Türsteher der Disco, den Mord verübt zu haben. Sie stützen ihren Verdacht mit zahlreichen Indizien. Und sind überzeugt, die richtigen Leute ermittelt zu haben. Das Gericht allerdings nicht. Es lässt die Verdächtigen wegen »Lücken in der Beweisführung« wieder auf freien Fuß. Niemand weiß, wo die Leiche ins Fass gesteckt und dieses ins Wasser gestoßen wurde. Es gibt keine Zeugen. Außerdem fehlt die Tatwaffe, und es fehlt der Tatort. »Den Tatort hätte man finden müssen«, räumt einer der Ermittler in einem Audioprotokoll ein, das Besucher im Polizeimuseum hören können. »Der Tatort ist die Fundgrube der Spuren und der Aufklärung des Verbrechens.«

Der Ölfassmord ist bis heute nicht aufgeklärt, ein sogenannter Cold Case. Bittere Ironie des Falls: Er könnte sich als perfektes Verbrechen erweisen, wenn auch ungewollt und trotz der Fehler der Täter. Ein mörderischer Zufall.

---

1) Archivmaterialien Polizeimuseum Hamburg;

2) Ermittlungsergebnisse der Polizei ebenda;

3) Polizeimuseum ebenda

24

»JETZT!«

Der finale Rettungsschuss

Ein Banküberfall mit Geiselnahme endet tragisch und reformiert die Polizeigesetze der Länder zur Anwendung des tödlichen Rettungsschusses.

Ein unbekleideter Polizist stellt das Fluchtauto für den Geiselnehmer vor der Bank ab.

DIE LETZTE SCHLACHT. Die Szenerie erinnert an Dreharbeiten an einem großen Filmset. Vor der Tür zu einer Bankfiliale steht ein viertüriger weißer Ford. Auf der Fahrerseite steigt ein fast nackter Mann aus, nur mit Badehose bekleidet und hebt die Hände. Im Eingang einer Buchhandlung unmittelbar neben der Bank kauern ein paar Männer mit Pistolen im Anschlag. Auf der Straße und an umliegenden Fenstern sucht die Polizei einige hundert Schaulustige zu verscheuchen. Im Savoy-Kino neben dem Geldinstitut wird »Die letzte Schlacht« angekündigt.

Eine Frau kommt aus der Bank und steigt hinten ins Auto, besprüht von innen die Heckscheibe mit schwarzer Farbe und geht zurück. Dann tritt ein Mann mit blauem Pulli und schwarzer Gesichtsmaske in die Sonne, auf dem Kopf eine Polizeimütze. Vor sich her schiebt er dicht an den Körper gepresst eine Geisel und hält der mit der linken Hand ein Messer an die Kehle. In der anderen Hand hält er eine Schusswaffe. Als er die Pistole für einen Moment am Lauf in die Messerhand nimmt und mit der rechten etwas provozierend die Polizeimütze in hohem Bogen in die Luft wirft, springen die Bewaffneten aus dem Nebeneingang. Schüsse fallen, Pulverdampf ist zu sehen, als wär's im Wilden Westen. Vor laufenden Kameras geht der Maskierte zu Boden, Geiseln rennen aus der Bank und aus dem Bild[1].

PREMIERE MIT FRAGEN. Es ist der 18. April 1974, als ein scheinbar harmloser Banküberfall auf eine Filiale der Commerzbank am Hamburger Steindamm, einen guten Steinwurf entfernt vom Hauptbahnhof, Polizeigeschichte schreibt. Es ist der erste finale Rettungsschuss in Deutschland und der erste Einsatz des neugegründeten Mobilen Einsatzkommandos MEK. Beide Premieren werfen mehr Fragen auf, als dass es Antworten gibt. Schon gar nicht finale.

Dreieinhalb Stunden zuvor, kurz nach 12.00 Uhr, betritt ein junger Mann die Bankfiliale und geht wie ein ganz normaler Kunde an einen der Schalter. Es ist der kolumbianische Ingenieurstudent Emilio Humberto Martin-Gonzales (28) und alles andere als ein vorbelasteter Krimineller. Als er an der Reihe ist, zieht er plötzlich eine Faustfeuerwaffe des Herstellers Beretta und ein Messer. Er will Geld. Er hält sieben Kunden und die Angestellten mit seinen Waffen in Schach. Trotzdem gelingt es einem Mitarbeiter, den sogenannten »stillen Alarm« auszulösen.

TÖDLICHE ROUTINE. Um 12.26 Uhr werden drei Streifenwagen zum Tatort geschickt. Eine fatale Entscheidung. Denn die gehen »von einem Routineeinsatz« aus[2]. Als erster stürmt der Polizist Uwe Faden (34) mit gezogener Waffe in den Schalterraum und wird vom Bankräuber niedergeschossen, bevor er hinter einem Pfeiler Deckung finden kann. Ein zweiter Beamter kann nichts tun. Kollegen hören die Schüsse, ohne eingreifen zu können. Aus dem Banküberfall wird eine Geiselnahme. Zehn Minuten später beginnt der Täter, mit der Polizei am Telefon über Bedingungen seines Abzugs zu verhandeln.

Einsatzkräfte sichern die Zufahrten draußen, Scharfschützen beziehen Stellung auf Dächern gegenüber. Doch der Einsatz wird zur ersten Bewährungsprobe des MEK in Hamburg. Die Spezialtruppe ist rund anderthalb Jahre zuvor gegründet worden als Reaktion auf die spektakuläre Geiselnahme durch palästinensische Terroristen am Rande der Olympischen Spiele in München. Beim gescheiterten Befreiungsversuch auf dem Flugfeld Fürstenfeldbruck durch nicht eigens dafür ausgebildete Scharfschützen und Polizisten werden 17 israelische Geiseln und fünf Terroristen getötet, außerdem ein Polizist.

CONSUL STATT KÄFER. Die Hamburger Polizeiführung entschließt sich zur »Lösung des Falles vor Ort«, so erzählt einer der eingesetzten MEK-Beamten später in einer Fernsehdokumentation des NDR[3]. Offiziell heißt das: »Örtliche Lage wird ausschließlich durch MEK und K (Kripo) bereinigt.«[4] Der Druck steigt. Und die Nervosität auch. Bei Polizei und Geiselnehmer gleichermaßen. Ein MEK-Beamter gelangt unbemerkt in einen Nebenraum der Schalterhalle und sondiert die Lage durch ein Schlüsselloch. Der Täter wirkt hektisch. Er droht energisch damit, Geiseln zu erschießen. Um 13.30 Uhr wird ein VW Käfer als Fluchtfahrzeug am Einsatzort abgestellt, aber der Täter lehnt das ab und verlangt nach einem Ford Consul.

Als endlich das von ihm gewünschte Auto um 15.43 Uhr von dem MEK-Elitepolizisten in Badehose vorgefahren wird, muss der dreimal neu rangieren, bis sich der Täter mit dem Standort unmittelbar vor der Tür offenbar sicher fühlt. Nicht sicher genug. Als er mit seiner Geisel vor die Tür tritt, ist er wegen der weggeworfenen Polizeimütze einen winzigen Moment unaufmerksam. Die Polizeiführung sieht ihre Chance und gibt über Funk den Befehl. »Jetzt!« Es war eine »Entscheidung von Zehntelsekunden«, sagt später dem NDR der am Einsatz beteiligte MEK-Beamte. Er verfolgt das ganze aus geringer Distanz.

ERSTER SCHUSS GEHT VORBEI. Es fallen »innerhalb von vier Sekunden acht gezielte Schüsse«, sagt wenige Tage nach dem Einsatz Hamburgs Erster Bürgermeister Hans-Ulrich Klose[5], »zunächst drei, die den Täter noch nicht kampfunfähig gemacht haben«. In Medien ist später sogar zu lesen, dass der erste Schuss vorbeigegangen sei. »Im Reflex« drückt der Geiselnehmer ebenfalls ab und verletzt eine Geisel schwer: mit einem Durchschuss an der unteren rechten Brustseite. Der Kolumbianer ist in Kopf und Brust

↓ Das Savoy-Kino neben der einstigen Bank
↘ Täterwaffen im Polizeimuseum

getroffen, im nahegelegenen Krankenhaus können die Ärzte nur noch seinen Tod feststellen[6]. Die Geisel überlebt.

Der erste Einsatz eines finalen Rettungsschusses in der deutschen Polizeigeschichte wird zum Politikum. Vor allem die Art und Weise. Kritiker monieren die Vielzahl der Polizeischüsse, selbst als der Täter bereits zu Boden gegangen war. Justizsenator Ulrich Klug, der zwei Wochen nach dem Polizeieinsatz sein Amt antritt, äußert juristische Zweifel. Er wirft die Frage auf, ob der Schusswaffeneinsatz »vom Grundsatz her unzulässig« war, weil er »wie eine vorweggenommene Todesstrafe aussieht«. Und Klug ist nicht irgendwer. Der linke FDP-Politiker ist Professor für Rechtsphilosophie und Strafrecht und war zuvor drei Jahre Justizstaatssekretär in Nordrhein-Westfalen.

Bürgermeister Klose persönlich verteidigt den Einsatz ebenso wie die Polizeiführung. Der Kolumbianer habe »ausdrücklich abgelehnt, ohne Geiseln unter Zusicherung freien Geleits abzuziehen«, sagt der Sozialdemokrat in einem Zeitungsinterview nur wenige Tage nach den Ereignissen: »Dieses zuzulassen, hätte für alle Geiseln ein unübersehbares Risiko bedeutet. Bitte bedenken Sie: Der Täter hatte schon einen Polizeibeamten erschossen«[7].

UNMITTELBARE GEFAHR. Vor allem der Hamburger Polizeieinsatz führt dazu, dass die Innenminister die Polizeigesetze reformieren, die den finalen Rettungsschuss nun offiziell legitimieren, aber auch die Umstände festlegen. Danach ist ein Schuss, der »mit an Sicherheit grenzender Wahrscheinlichkeit tödlich wirken wird«, wie es im Hamburger Gesetz heißt, »nur zulässig, wenn er das einzige Mittel zur Abwehr einer unmittelbar bevorstehenden Lebensgefahr oder der unmittelbar bevorstehenden Gefahr einer schwerwiegenden Verletzung der körperlichen Unversehrtheit ist«[8]. Eben so hatte es die Polizeiführung eigentlich schon im Hamburger April 1974 entschieden.

↑ Lagebesprechung der Einsatzkräfte
↓ Polizei im Einsatz vor der Commerzbank

1) Videodokumentation in der ständigen Fallsammlung, ausgestellt im Polizeimuseum Hamburg;

2) Dokumentation ebenda;

3) NDR Hamburg-Journal v. 3.4.2014: »Hamburg damals: Banküberfall am 18. April 1974«;

4) Dokumentation Polizeimuseum Hamburg;

5) Polizeidokumentation ebenda;

6) DIE WELT in einem Rückblick am 13.4.2014;

7) Interview mit der Neuen Ruhr Zeitung vom 2. Mai 1974, dokumentiert im Polizeimuseum Hamburg;

8) Hamburger Gesetz zum Schutz der öffentlichen Sicherheit und Ordnung, § 25, Abs. 2

Im Stadtbild sind Kunstwerke des Sprayers an vielen Stellen bis heute gut erhalten.

25

»ES LEBE DER SPRÜHLING«

Der Sprayer »OZ«

Ein unbezähmbarer Graffitikünstler spaltet die Stadt und wird mit seinen bunten Objekten zum Kunstobjekt.

DER ANGEKLAGTE POLARISIERT. Walter Josef Fischer steht vor Gericht. Wieder mal. Es ist das soundsovielte Verfahren. Es fällt schwer, einen Überblick zu behalten. Es geht um fortgesetzte und schwere Sachbeschädigung. Wie immer. Die Akten der Polizei sind voll von Anzeigen. Und ihre Asservatenkammern auch. Spraydosen, Wachsmalsteine, Edding, Tinte. Es sind die immer gleichen Utensilien, die ihm bei seinen Festnahmen abgenommen werden. Weil sie Ärger machen.

Diesmal ist es das Landgericht Hamburg. Es ist der 3. Februar 2012. Sieben Monate zuvor hat ihn das Amtsgericht Barmbek im Osten der Stadt wegen Sachbeschädigung zu 14 Monaten Haft verurteilt – ohne Bewährung. Der Staatsanwaltschaft ist das zu wenig. Sie will ihn länger weggesperrt wissen. Auch sein Verteidiger ging in Berufung. Er plädiert auf Freispruch. Die Ausgangslage ist symbolisch. Der Angeklagte polarisiert. Er spaltet die Stadt.

SCHMIERFINK UND FREIGEIST. Fischer ist ein unscheinbarer Typ, alles an ihm ist irgendwie grau wie sein Schnauzbart. Eigentlich ein unauffälliger Zeitgenosse. Auffällig wird er erst durch sein Tun. Der 61-Jährige ist Sprayer. Stadtbekannt durch sein Kürzel »OZ«. Tausendfach prangt das auf Stromkästen, Brücken, Hochbahnträgern, Pollern, Betonwänden und Ampelmasten. Aber auch an privaten Hausfassaden, Garagentoren, Wänden. Oft zusammen mit einem grinsenden Gesicht in fettem schwarzen Strich: sein »Smiley«. Die öffentliche Debatte zerstreitet sich an seiner Person. Für die Polizei, viele Hausbesitzer und ordnungsliebende Hanseaten ist er ein krimineller Schmierfink. Für die Subkultur der Stadt und linke Aktivisten ist er ein künstlerischer Freigeist. Unbeugsam, wild, kreativ. Er selbst nennt sich gern »Stadtgestalter« und in einer stillen Minute auch selbstironisch »künstlerischer Schmierfink«.

FELDZUG GEGEN SAUBERNAZIS. Mehr als 120 000 Graffiti und Tags, wie sich oft unverständliche Buchstabenkürzel in der Szene nennen, sind bereits Anfang der 2000er-Jahre quer durch die Stadt gesprüht oder gemalt. Danach haben offenbar selbst seine Gegner aufgehört zu zählen. Schon 2007 hat er zehn Verurteilungen auf dem Buckel, davon acht Freiheitsstrafen. Mehr als acht Jahre Gefängnis hat er abgesessen. Er wird so zum Schwerkriminellen gestempelt. Für die Polizei ist er ein »Intensivtäter«, für den es fast keinen Vergleich gibt. Viele Beamte sind genervt. Geändert hat das nichts. Meist noch am Verhandlungstag vor Gericht ist er gleich danach wieder unterwegs. In einem abgetragenen Kapuzenpulli streift er auf alten Turnschuhen, seinen Rucksack auf dem Rücken, durch die Stadt und verewigt sich an Brücken, Gleisanlagen, Häuserwänden. »Wir müssen ihn ins Gefängnis sperren«, sagt einmal ein Richter in seiner Urteilsbegründung[1]: »Wir haben keine andere Möglichkeit, ihn am Sprayen zu hindern.«

Smileys von »OZ« grinsen bis heute von vielen Wänden der Stadt.

Angefangen hat das alles in Hamburg irgendwann Anfang der Neunzigerjahre. Fischer ist 1950 in Heidelberg geboren und in einem katholischen Waisenhaus aufgewachsen, die Hauptschule bricht er ohne Abschluss ab. Ebenso Ausbildungen als Damenfriseur und als Gärtner. In Flensburg wird er das erste Mal auffällig. In Hamburg landet er 1992 auf Umwegen. Warum ausgerechnet an der Elbe – das wird wohl für immer sein Geheimnis bleiben. Er ist ein Einzelgänger, meidet Menschenkontakt, große Aufläufe. »OZ« gibt selten Interviews, und wenn doch einmal, dann sagt er nicht viel. Dass die Stadt bunter werden muss und er doch nur Farbe an die grauen Hauswände bringen will – so erklärt er seinen Feldzug gegen die »Saubernazis«, wie er seine Gegner und Verfolger nennt.

SCHNECKEN UND SMILEYS. Als erstes fallen Krakeleien an Hauswänden auf. Spiralförmige Gebilde, die alsbald »Schnecken« genannt werden. Dazu Buchstabencodes wie »USP«,»DSF« oder später »MBS«, deren echte Bedeutung zeitlebens unklar bleibt. Irgendwann wird »OZ« zu Protokoll geben, dass »USP« für »Ultra St. Pauli« steht. So nennt sich die Hardcore-Fangruppierung des Fußballklubs vom Kiez. Allerdings sprayte »OZ« das Kürzel schon, als es die einflussreiche Fantruppe noch gar nicht gab. »MBS« stehe für »Miese Bullenschweine«, sagt Fischer auch mal. Das beschreibt zumindest das gegenseitige Verhältnis sehr deutlich.

Der Sprayer wird zum Politikum. Polizisten müssen dutzendfach Beschwerden und Anzeigen von Hausbesitzern nachgehen, die seine Bilder und Graffiti als Schmierereien und Sachbeschädigung verstehen. Im sperrigen Juristendeutsch heißt das, er habe »unbefugt das Erscheinungsbild einer fremden Sache nicht nur unerheblich und nicht nur vorübergehend verändert«. Manche Zivilstreifen haben ihn geradezu »auf dem Kieker«, wie man in Hamburg sagt. Wegsehen gilt nicht. Im Gegenteil. »Es muss damit gerechnet werden, dass FISCHER weiterhin alle möglichen Arten der Sachbeschädigung begeht, sobald er wieder auf freiem Fuß ist«, heißt es in einem Aktenvermerk der Polizei[2]. Eine psychische Beeinträchtigung, die womöglich zu mangelnder Schuldeinsicht führt, ist bei Medizinern und Juristen umstritten. Für die Polizei ist deshalb klar, »dass der Strafvollzug b. a. W. die einzige Möglichkeit bleibt, ihn von weiteren Straftaten abzuhalten«[3].

FREIBRIEF ZUR MISSHANDLUNG. Für manche Ordnungskräfte sind solche Beurteilungen ein Freibrief. 1999 schnappen ihn mal wieder Mitarbeiter einer Sicherheitsfirma, die als »U-Bahn-Wache« im Einsatz sind. Sie misshandeln ihn in ihrer Dienststelle. Fischer wird schwer verletzt, muss ins Krankenhaus. Der öffentliche Aufschrei ist beträchtlich. Der Umgang dieser sogenannten Sicherheitskräfte gerade mit Randgruppen wie Obdachlosen, Junkies oder eben auch Sprayer, wird öffentliches Thema. Zwei Mitarbeiter werden immerhin entlassen und zu Freiheitsstrafen verurteilt. Es gibt über ihre Entgleisung aber auch verbreitete klammheimliche Freude. Der ehemalige Amtsrichter und spätere Rechtspopulist Ronald Schill macht nach den Misshandlungen keinen Hehl aus »einer gewissen Schadenfreude« und fordert lebenslänglich für »OZ«. Ein großes Boulevardblatt begleitet ihn bei Antritt der Gefängnisstrafe mit der Titelzeile: »Endlich Knast! Tschüs, Schmierfink! Versuch doch mal, diese vier Wände zu bepinseln«[4].

STADTGESTALTER UND IDOL. Für »OZ« ändert sich nichts. »Er kann nicht aufhören«, schreiben die Lokalblätter[5]. Und er will nicht. »Dann würde ich meine Seele verkaufen«, sagt er[6]. Für die junge Sprayerszene der Stadt wird er zum Idol. In seinen letzten Jahren findet sein künstlerisches Schaffen immer größere Beachtung. Großflächige abstrakte Muster entstehen in der Stadt, an Betonträgern einer S-Bahn-Überführung, auf Mauerresten oder Bunkerwänden. Bunte, lustige Gesichter, die seinen »Smileys« entlehnt scheinen, farbenfrohe Mosaiken. Galeristen interessieren sich für ihn und die »schwindelerregende Tiefe seines Kunstwerks«, wie Alex Heimkind, selber Graffitikünstler und Inhaber der »OZM – Gallery & Art Space«, sagt[7]. »Was man künstlerisch gesehen aus einem Punkt und einem Strich alles machen kann«, so schwärmt Heimkind: »OZ ist ein Symbol«.

TOD ZWISCHEN GLEISEN. Walter Josef Fischer stirbt, als er sich am wohlsten fühlt. Beim Sprayen zwischen Bahngleisen in der Nähe des Hauptbahnhofes erwischt ihn am 25. September 2014 in der Nacht eine S-Bahn. Erst der Fahrer eines nachfolgenden Zugs entdeckt die Leiche mit schweren Kopf- und Rückenverletzungen. Im Gleisbett gibt es ganz frische Graffiti. Seine Beerdigung wird zum Triumphzug. An die 500 Menschen folgen seinem Sarg. Vorneweg viele Fußballfans des FC St. Pauli, die für seine Beerdigung 8000 Euro gesammelt haben. Linke Gesinnungsfreunde von »OZ« zünden Böller und erinnern auf einem Spruchbanner an sein Werk: »Es lebe der Sprühling«.

↑ Sympathiegraffiti der Fußballfans

↓ Grabstelle des Sprayers

---

1) DIE WELT v. 16.12 1999: »Der Sprayer von OZ«;
2) Fallsammlung im Polizeimuseum Hamburg;
3) ebenda;
4) Die Tageszeitung v. vom 26.9.2014: »Der Stadtgestalter«;
5) Hamburger Abendblatt v. 19.1.2012;
6) taz, ebenda;
7) »Free OZ! Streetart zwischen Revolte, Repression und Kommerz«, Assoziation A, 2014

26

HILFE VOM WUNDERMANN

Der NSU-Mord

Als Neonazis einen türkischen Gemüsehändler erschießen, glauben die Ermittler lieber an familiäre Hintergründe.

Auch zum Jahrestag im Sommer 2022 erinnern Blumen am Tatort an den feigen Mord der Neonazis.

SPUK EINES GIGANTEN. Manchmal helfen nur ganz ausgefallene Maßnahmen. Zu diesem Ergebnis kommt offenbar die Hamburger Polizei im Januar 2008. Siebenhalb Jahre ist es zu diesem Zeitpunkt her, dass der türkische Gemüsehändler Süleyman Taşköprü von Unbekannten in seinem Laden im Wohnviertel von Bahrenfeld kaltblütig erschossen wurde. Von einer Aufklärung sind die Ermittler meilenweit entfernt.

Ein iranischer »Metaphysiker« bietet den Fahndern Hilfe an. Er will über ein »Medium« Kontakt zu dem Opfer aufnehmen. Bei einem Treffen in einem Hotel mit zwei Mitgliedern der Kriposonderkommission rühmt sich der Wundermann seiner Erfahrungen in der Heimat offenbar so sehr, dass eine Beamtin geradezu begeistert von ihm und seinem Spuk scheint. Sie schwärmt jedenfalls in einem Aktenvermerk von dem »Giganten unter den Metaphysikern« und weist ausdrücklich auf seinen »inoffiziellen Bekanntheitsgrad im Iran« hin. Ein Untersuchungsausschuss des Bundestages nimmt das Jahre später mit Erstaunen zur Kenntnis. Und wohl auch mit Befremden. Denn die Ermittler nehmen das dubiose Angebot an. »Versuch macht klug, und verlieren können wir letztlich nichts«, schreibt ein Beamter in einer E-Mail[1]. Frei nach dem Motto: Kost' ja nix.

Drei Monate später meldet der Iraner Vollzug. Er habe über sein Medium zehn bis 15 Minuten Kontakt zu dem Ermordeten gehabt, erklärt er. Zum Hintergrund der Tat will er von einer »Ungerechtigkeit« erfahren haben. Es sei um Drogen gegangen und das Opfer sei »mit einer Bande in Kontakt« gewesen. Bei dem Täter könnte es sich »um einen Türken handeln«.

Mit der Realität hat der Hokuspokus nichts zu tun. Trotzdem gleichen es Beamten der Sonderkommission mit internen Informationen ab. Offenbar passt es manchen nur zu gut ins Bild. Bestätigt der Wundermann doch Fahndungsansätze der Ermittler, auch wenn die bislang alle in die Irre führten. Auf der Suche nach Spuren und Motiven für eine Tat, die das Wohnviertel schockierte.

BLUTIGER SCHOCK FÜR DAS VIERTEL. Es ist ein ganz normaler Sommertag, als Süleyman Taşköprü (31) am 27. Juni 2001 zusammen mit seinem Vater Ali wie jeden Morgen ihr gemeinsames Geschäft in der Schützenstraße aufmachen. Der Vater muss kurz danach noch mal los, ihre Oliven sind aus. Als er wenig später zurückkehrt, sieht er noch zwei junge Männer in Jeans und T-Shirt das Geschäft verlassen, einer von ihnen hat eine Plastiktüte in der Hand. Auf den Fliesen im Laden liegt blutüberströmt sein Sohn mit Schusswunden im Kopf. Er bettet den Kopf seines sterbenden Sohnes auf seinem Schoß. »Er wollte mir was sagen, aber er konnte nicht«, wird der Vater Jahre später vor Gericht aussagen. Der alarmierte Notarzt kann seinen Sohn nicht mehr retten.

Der Mord gibt der Polizei Rätsel auf. Für Täter und Motiv gibt es keinen Anhaltspunkt. Die wahrscheinlichen Täter beschreibt der Vater als Deutsche, schlank, etwa 25 bis 30 Jahre alt[2]. Für Phantombilder sind die Angaben zu vage. Drei Einschüsse stellen die Ermittler bei der Spurensicherung fest. Noch am gleichen Tag meldet ihnen die Polizei aus Nürnberg zwei ähnliche Morde aus ihrer Region, ebenfalls an Türken, wenige Tage zuvor. Und vor allem mit der gleichen Waffe, eine Pistole der Marke Ceska. Auf die Idee eines Zusammenhangs kommen die Hamburger nicht.

ZEHN LANGE JAHRE. Der Gemüsehändler aus Hamburg, Vater einer kleinen Tochter, ist Opfer des dritten von insgesamt zehn

Bundesweite Fahndung nach den Mördern des Nationalsozialistischen Untergrundes (NSU)

Morden, die auf das Konto der rechtsextremen Terrorgruppe »Nationalsozialistischer Untergrund« (NSU) gehen. Es dauert zehn lange Jahre, bis diese Erkenntnis an der Elbe ankommt. So lange gehen die Ermittler vor allem von kriminellen Machenschaften des Opfers aus. Sie vermuten einen Racheakt. So gut wie alle Varianten bedenken sie: Schutzgelderpressung, Drogenkrieg, Eifersucht, Probleme mit der kurdischen PKK, Glücksspiel. Nur Fremdenhass und Ausländerfeindlichkeit kommen ihnen nicht in den Sinn. Oder wenn doch, dann wird diese These gleich wieder beiseitegeschoben.

Es folgen weitere Morde im ganzen Land, die Parallelen aufweisen. Immer sind es kleine Unternehmer oder Gewerbetreibende mit Migrationshintergrund, immer sind es die gleichen Waffen. Noch im August des gleichen Jahres wird in München ein türkischstämmiger Obst- und Gemüsehändler zum nächsten Opfer. Es folgen Tatorte in Rostock, Nürnberg, München, Dortmund. Der letzte Ermordete in der blutigen Reihe ist im April 2006 Halit Yozgaz. Der 21-jährige Deutsche türkischer Abstammung betreibt erst kurz ein Internetcafé in Kassel, als er mit zwei Kopfschüssen umgebracht wird.

SUCHE IN DEN HINTERHÖFEN. Die Hamburger Polizei ermittelt unterdessen unbeeindruckt im persönlichen Umfeld von Tasköprü. Sie durchforstet das Geschäft und die Hinterhöfe, befragt Nachbarn, Anwohner und Familienmitglieder, wertet Handydaten des Toten aus. Süleyman ist wegen Diebstahls und Urkundenfälschung aktenkundig, wurde sogar einmal zu einer kurzen Haftstrafe verurteilt. Aber die Fälle sind alt, lange vorbei. Trotzdem nährt es Spekulationen der Ermittler. Dass die Todesschüsse in Nürnberg, Hamburg und auch München aus der gleichen Waffe stammen, macht auf sie keinen besonderen Eindruck. »Wir lebten von unserem eigenen Geld, was wollten diese Leute von uns?«, fragt Vater Ali noch Jahre später[3].

DÖNER-MORDE UND MAFIA. Im Frühjahr 2003 stellt die Staatsanwaltschaft die Ermittlungen schließlich ein. Freunde und Bekannte wenden sich von der Familie ab, je öfter von »rätselhaften Morden« die Rede ist und die Familie ohne Grund in Verbindung mit kriminellen Umtrieben gebracht wird. In Zeitungen ist etwas despektierlich von »Döner-Morden« die Rede. »Erst waren alle geschockt – und als dann in den Zeitungen von Schwarzgeld und Mafia zu lesen war, haben sich die meisten von der Familie abgewendet«, sagt viel später ein Freund[4].

Einen neuen Anlauf machen die Ermittler 2006. Nach weiteren Morden erhöhen die Fahnder bundesweit ihre Anstrengungen. Der Fokus richtet sich nun auch verstärkt auf »Fremdenfeindlichkeit«. Ein bayrischer Profiler der Polizei bezieht Hass auf Ausländer als Motiv in die amtlichen Überlegungen mit ein. Eine neue Sonderkommission des Landeskriminalamtes in Hamburg konzentriert sich dagegen lieber weiter auf das Umfeld der Familie und auf Organisierte Kriminalität. Sie sieht keinen Anhaltspunkt für einen rechtsextremen Hintergrund. Dass immer wieder dieselbe Waffe auftaucht? Spielt keine Rolle. In einem Bericht der Sonderkommission von Ende 2007 listet die Soko an der Elbe 269 Vernehmungen auf, vor allem in Richtung Erpressung oder Ehrenmord. Fremdenfeindlichkeit als mögliches Motiv taucht in dem Bericht nicht auf[5].

FOTO VOM OPFER. Am 4. November 2011 brennt in Eisenach in einer Wohnstraße ein Wohnmobil. Polizisten entdecken in dem verkohlten Fahrzeug die Leichen von Uwe Mundlos und Uwe Böhnhardt. Sie haben den Campingbus offenbar nach einem gescheiterten Banküberfall selbst in Brand gesteckt, als die Polizei das Gefährt stürmen will. Am selben Tag explodiert in Zwickau eine Wohnung, in der Mundlos und Böhnhardt zusammen mit Beate Zschäpe leben. Die Frau ist auf der Flucht. Von unterwegs verschickt sie NSU-Bekennervideos. In ihrem Haus findet die Polizei unter anderem die Tatwaffen der Mordserie. Die drei sind der Kern des NSU. Die Polizei ist jetzt sicher: Mundlos und Böhnhardt sind die Mörder von Süleyman Taşköprü. Bevor sie nach der Bluttat den Laden verließen, machten sie ein Foto von ihrem Opfer, das nun in einem Video des NSU auftaucht.

Das Oberlandesgericht München verurteilt Beate Zschäpe im Sommer 2018 als Mittäterin in zehn Mordfällen zu lebenslanger Haft – wegen besonderer Schwere der Schuld. Das Urteil ist rechtskräftig. Familie und Freunde des Hamburger Opfers drängen auf weitere

Eine Gedenkstelle am Tatort erinnert in Hamburg an den ermordeten Gemüsehändler.

Ermittlungen. Sie gehen davon aus, dass es in der Hansestadt Komplizen und Unterstützer geben muss. Die Hamburger Bürgerschaft bittet die Familie immerhin um Entschuldigung. Das Parlament des Bundeslandes »bedauert zutiefst das erlittene Leid, das sie durch die mit einem falschen Verdacht geführten Ermittlungen erfahren haben«, heißt es in dem mit großer Mehrheit verabschiedeten Antrag von SPD und Grünen.

In Bahrenfeld wird ein Straßenstück nach Süleyman Taşköprü benannt, ihr Geschäft hat die Familie längst aufgegeben. Ein Gedenkstein vor dem Laden ist von Süleyman geblieben. Und die Erinnerung.

1) DER SPIEGEL vom 14. Juni 2012;

2) NDR Geschichte vom 28. Juni 2021;

3) NDR ebenda;

4) NDR ebenda;

5) Hamburger Abendblatt, Krimi-Magazin 2021

Unmittelbar unter den Arkaden
ist der »Seufzergang« der Gestapo bis heute erhalten.

27

SEUFZERGANG IN DEN TOD

Die Zentrale des Terrors

Aus dem ehemaligen Polizeipräsidium steuern die Nazis die Verfolgung von politischen Gegnern und Deportationen ins KZ.

FENSTERSTURZ AUF DIE STRASSE. Gustav Schönherr ist Hafenarbeiter und Kommunist. Und das aus Überzeugung. Für seine politischen Ideale ist er bereit, einiges in Kauf zu nehmen. Das ist schon während der Weimarer Republik so. Als nach der Reichstagswahl am 5. März 1933 Hitlers Nationalsozialisten die Macht übernehmen, schließt er sich in Hamburg als Kurier den Rotfrontkämpfern an. Die Antwort der Nazis lässt nicht lange auf sich warten. Bei politischen Gegnern wollen sie keine Zeit verlieren, Kommunisten und Sozialdemokraten sind in der Stadt praktisch ab sofort vogelfrei[1].

Am 13. April, gerade mal ein Monat nach der Machtübernahme der Nationalsozialisten, steht die Polizei vor Schönherrs Wohnung in der Neustadt. Bei einer Hausdurchsuchung findet sie angeblich kommunistisches Propagandamaterial. Polizisten führen ihn ab zum Verhör ins nur wenige Häuserblocks entfernte »Stadthaus«. Den pompösen Bau, der Anfang des 19. Jahrhunderts erst als Rathaus und später als Sitz der Stadtverwaltung und des Polizeipräsidiums diente, haben die Nazis gleich in den ersten Tagen zur Zentrale der Geheimen Staatspolizei (Gestapo) gemacht.

Das Stadthaus wird zu seinem Schicksal. Während der Verhöre stürzt Schönherr aus einem Fenster auf die Straße. Angeblich um sich einer polizeilichen »Voruntersuchung zu entziehen«, wie es offiziell heißt. Der Arbeiter erliegt im Hafenrankenhaus seinen Verletzungen. Im Sommer des darauffolgenden Jahres bekommen Staatsanwälte, Pastoren, einige Hamburger Persönlichkeiten und Rechtsanwälte überraschend Post. In dem anonymen Schreiben erfahren sie, dass Schönherr keinesfalls Selbstmord beging. Polizisten hätten ihn vielmehr nach schweren Misshandlungen und Folter einfach aus dem Fenster geworfen. Schönherr ist eines der ersten Opfer des berüchtigten Stadthauses, das sich in den Jahren danach zu einer Zentrale des Terrors entwickeln wird. Verantwortlich für Hausdurchsuchung, Verhaftung und Verhöre ist in seinem Fall ein neues »Kommando zur besonderen Verwendung«, dass fortan K. z. B. V. abgekürzt wird. Die Einheit geht als besonders grausam und skrupellos in die Geschichte der Hamburger Polizei ein. Ganze Straßenzüge werden von dem Kommando in Razzien durchsucht und aufgemischt. Seine Beamten sind besonders gefürchtet, weil sie sogenannte »Geständnisse« durch schwere Folter erpressen. Gesteuert werden sie aus dem Stadthaus, Schauplatz der menschenfeindlichen Verhöre sind seine Keller und Verliese.

UNKONTROLLIERTER TERROR. Drei Stolpersteine aus Messing vor dem heutigen Portal des Prunkbaus zwischen »Stadthausbrücke« und »Neuer Wall« sind nicht mehr als ein Symbol für den Schrecken, der damals vom Stadthaus ausging. Der Schiffszimmermann Carl Burmester, ebenfalls Kommunist, wird bei Verhören schwer gefoltert und im September 1934 im Treppenhaus zu Tode gestürzt. Der Vorgang hat furchtbare Parallelen zum Fall Schönherr. Der Verkäufer und Dekorateur Wilhelm Prull ist 1943 eigentlich nur zu Besuch aus Travemünde an der Elbe, als er von Polizeibeamten des Kommissariats »zur Bekämpfung der Homosexualität« festgenommen wird. Wegen »widernatürlicher Unzucht« wird er gedemütigt, entrechtet und schwer misshandelt. Als Prull keinen anderen Ausweg mehr weiß, springt er vor einem weiteren Verhör aus dem Fenster.

Die Fälle sind beispielhaft und stehen symbolisch für den unkontrollierten Terror, den Polizisten von hier aus im Namen des Nationalsozialismus an Systemgegnern ausüben.

Das Polizeipräsidium im Stadthaus spielt eine besonders schlimme Rolle für ganz Norddeutschland. Gestapo, Kriminal- und Ordnungspolizei arbeiten dort praktisch Hand in Hand, auch mit der ebenfalls im Stadthaus ansässigen Meldebehörde. Für die von dort gesteuerten NS-Gräuel ist nicht nur die Gestapo verantwortlich. An der Überwachung und Verfolgung von »Berufsverbrechern« und »Asozialen« im Sinne der Nazis ist die Kriminalpolizei ebenso aktiv beteiligt wie an der Verfolgung von Homosexuellen oder Roma und Sinti. Und natürlich Juden.

Bei einer deutschlandweiten Razzia gegen »Gemeingefährliche und Asoziale« tut sich die Hamburger Kripo besonders hervor. Sie verhaftet mindestens 700 Menschen unter anderem aus einem stadtbekannten Nachtasyl und lässt sie ins KZ Sachsenhausen abtransportieren[2].

KRIEGSEINSATZ DER POLIZEI IM OSTEN. Bis heute zeugt ein Tunnel über das Bleichfleet, durch den Gefangene aus den Arrestzellen in die Verhörzimmer gebracht wurden, von dem Grauen. Er wurde »Seufzergang« getauft. Auch der Kriegseinsatz norddeutscher Polizisten und deren unmittelbare und aktive Beteiligung am Völkermord in Osteuropa wird aus dem Stadthaus organisiert[3] und gesteuert.

Besonders berüchtigt ist das Hamburger »Reserve-Polizei-Bataillon 101«. Einheiten wie dieses werden in den von Hitlers Angriffskrieg überrollten Ländern in Osteuropa zu sogenannten »Befriedungs- und Säuberungsaktionen« gebraucht. Unter Führung von Berufspolizisten werden die Reserve-Bataillone mit Männern aufgefüllt, die aus Alters- oder anderen Gründen nicht zur Wehrmacht eingezogen sind. Das Reserve-Bataillon 101 nimmt seine blutige Aufgabe besonders ernst. Das Landgericht Hamburg dokumentiert in einem Urteil 1968 die ganze Grausamkeit bei einem Einsatz des Reserve-Polizei-Bataillons 101 im polnischen Józefów am 13. Juli 1942.

Bataillonskommandeur Wilhelm Trapp lasse vor Beginn des Einsatzes »keinen Zweifel daran, dass alle Juden des Ortes zu erschießen seien«, heißt es in dem Richterspruch: »Die Schutzpolizisten drangen in die Häuser ein und durchsuchten sie. Entsprechend den ihnen erteilten Befehlen machten sie von der Schusswaffe Gebrauch. Nicht gehfähige Kranke wurden in ihren Betten getötet. Die Straßen und die Hauser waren erfüllt von dem Lärm der Schüsse und den antreibenden Rufen der Polizisten.« Seite um Seite sind die Grausamkeiten der Reservepolizisten aufgelistet und gipfeln in der Feststellung: »Überall im Judenviertel in den Häusern und auf der Straße lagen die Leichen Erschossener«.

HANDLANGER DES TERRORS. Entschuldigungen wegen Befehlsnotstands lassen die Richter nicht gelten. Immerhin hatte der Kommandeur seinen Leuten freigestellt, sich abzumelden, wenn sie sich dem Befehl nicht gewachsen fühlten. Ohne, dass sie mit Repressalien zu rechnen hätten. Nur etwa ein Dutzend Polizisten meldete sich daraufhin. Die anderen machten sich zu Handlangern des Terrors. Ihre Spur zieht sich quer durch das besetzte Polen. Es gibt andere Orte, andere Einsätze, immer neue Morde. Tausende. Die blutige Bilanz des gut 500 Mann starken Reserve-Polizei-Bataillons 101 im von Deutschland besetzten »Generalgouvernement«: 38 000 Morde und 45 000 Deportationen ins Vernichtungslager Treblinka[4].

Nur wenige der Polizisten müssen nach dem Krieg für ihre Taten büßen. Bataillonskommandeur Wilhelm Trapp wird 1948 von einem polnischen Gericht zum Tode verur-

↑ Erinnerungstafel am Eingang des Stadthauses
↗ Der Gang vom Arrest zu den Naziverhören

teilt. Gegen niedere Ränge der Einheit ziehen sich die Nachforschungen und Ermittlungen hin, es dauert Jahre, bis immerhin 14 Angehörige des Bataillons vor einem Hamburger Gericht stehen. Nur eine Handvoll von ihnen wird nach jahrelangem Prozess schließlich zu mehrjährigen Gefängnisstrafen verurteilt.

Die Geschichte des Stadthauses Hamburg gehört zu den grausamsten der Nazidiktatur. Und doch fällt Hamburg der Umgang mit dem Gedenken an diesen Ort und seine Vergangenheit besonders schwer. Erst 2018, nach einer Restaurierung des langjährigen Behördensitzes, stellt sich eine engagierte Buchhändlerin gegen breiten Protest der Herausforderung und betreibt einen Buchladen mit kleiner Gedenkstätte. Viermal wird sie ausgezeichnet für ihr Engagement[5]. Aber die Kritik wird nicht leiser. Auch weil der Gedenkort nur ein Minimum dessen ausmacht, der offiziell mit den Eignern der Stadthöfe vereinbart ist. »Die Stadt hat das Gedenken privatisiert«, schimpfen deshalb die Gegner. Die Unternehmerin steht zwischen allen Stühlen. Anfang 2022 sind der Buchhändlerin Geld und Kraft ausgegangen. Sie geht in Insolvenz. Laden und Gedenkstätte schließen die Türen.

Der Streit um einen angemessenen Ort des Erinnerns und der Trauer geht weiter. In Mahnwachen erinnern NS-Opfer und ihre Hinterbliebenen jede Woche daran. Seit Sommer 2022 weist ein Kunstwerk auf dem Asphalt des Gehweges auf die blutige Geschichte hin.

1) Stolpersteine.de;
2) NDR vom 19. Januar 2012;
3) Gedenkstaetten-in-Hamburg.de;
4) DER SPIEGEL 30/1993;
5) DIE ZEIT vom 27. Januar 2022

28

HUBBA BUBBA MIT COLA

Die vermisste Hilal

Eine Zehnjährige verschwindet spurlos,
und auch nach über 20 Jahren
tappen die Ermittler weiter im Dunkeln.

An der Wand des Einkaufszentrums wird noch immer nach Spuren von Hilal gefahndet.

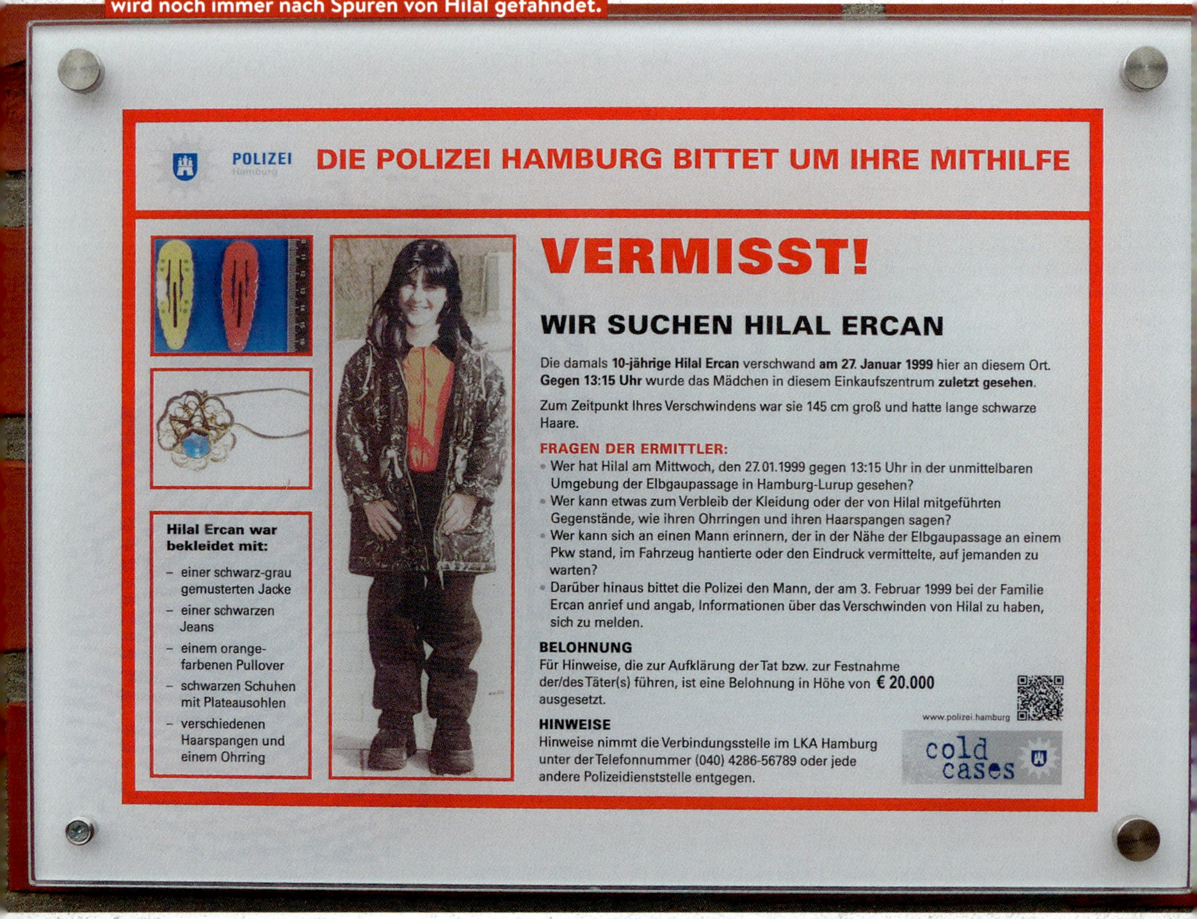

EINE MARK ALS BELOHNUNG. Es ist eigentlich ein prima Tag für Hilal Ercan. Die Zehnjährige Hamburgerin hat ihr Halbjahreszeugnis in der Tasche, ihre Noten sind gut. Das ist nicht so außergewöhnlich. Sie ist eine exzellente Schülerin, hat sich aber trotzdem eine Belohnung verdient. Hilal darf sich eine Mark aus einer Schüssel ihrer Eltern mit Kleingeld nehmen und will sich etwas Süßes kaufen.

Es ist kalt an diesem Mittwoch, die Temperaturen liegen nur knapp über dem Gefrierpunkt, nachts gab es sogar Frost. Aber der Weg zum Supermarkt in den Elbgau-Passagen in Lurup im Westen der Stadt ist nicht weit. 169 Schritte, so werden Journalisten später nachrechnen[1]. Hilal muss praktisch nur wenige Meter über die Straße, dann hat sie die schützende Einkaufsmeile erreicht. Sie mag gern Kaugummi mit Cola-Geschmack. Ob sie es noch gekauft hat, kann später niemand beantworten. Seit Hilal an diesem 27. Januar 1999 die elterliche Wohnung verlässt und gegen 13.25 Uhr das letzte Mal gesehen wird, fehlt jede Spur von ihr. Die Kassiererin im Supermarkt kann sich später nicht an das dunkelhaarige Mädchen in ihrem schwarzweiß gemusterten Anorak erinnern. Fest steht allerdings, dass im Kassensystem ein Päckchen »Hubba Bubba«-Kaugummi mit Cola-Geschmack verbucht ist. Das mochte sie besonders gern[2].

DAS MITGEFÜHL IST BIS HEUTE GROSS. Als das Mädchen nicht zurückkommt, werden die Eltern unruhig. Sie rufen Hilals Freundinnen an, sie suchen auf dem Spielplatz, sie fragen in Geschäften nach. Um 17 Uhr ist ihre Angst so groß, dass sie die Polizei alarmieren[3]. Seit 23 Jahren sucht die Polizei inzwischen nach dem Mädchen oder ihren sterblichen Überresten. Denn von einem Verbrechen gehen alle Beteiligten längst aus. Das öffentliche Interesse ist bis heute riesengroß und auch das Mitgefühl.

Ebenso lange tappen die Fahnder im Dunkeln. Sie treiben einen großen Aufwand und verrennen sich doch immer wieder auf falschen Fährten, manchmal auch getrieben von eigenen Vorurteilen, so scheint es. Das Ergebnis für Hilals Eltern und Bruder Abbas ist traurig und traumatisch. Keine Leiche, kein Täter, viele Irrwege. Nur ein Dauerverdächtiger, der die Fahnder an der Nase herumführt.

SUCHE IM MORGENLAND. Schnell konzentrieren die Ermittler ihren Verdacht auf die Familie. Getreu der Weisheit, die jeder Krimizuschauer kennt: Dass die Gründe für die meisten Verbrechen an Kindern im familiären Umfeld zu suchen sind. Das Landeskriminalamt setzt einen ihrer erfolgreichsten Ermittler an die Spitze der Soko, die nicht etwa »Hilal« heißt, sondern »Morgenland«. Im Nachhinein klingt das fast ein wenig verräterisch. Denn Kriminaldirektor Reinhard Chedor setzt auf die türkische Spur – es ist die falsche. Grund dafür ist vor allem die Großmutter, die sich in Falschaussagen und Widersprüche verstrickt – wenn auch aus ganz anderen Gründen, wie sich irgendwann zeigt.

Zugleich vertrauen die Ermittler auf Gerüchte, dass die Eltern vor einer Trennung stehen. Sie glauben, das Mädchen sei deshalb in die Türkei gebracht worden. Ein Großaufgebot der türkischen Polizei durchsucht auf Bitten der deutschen Kollegen Wohnungen von Verwandten in Izmir und anderen Orten[4] in der Türkei. Das Ergebnis ist null. Es sei »einfach nicht normal«, von der Oma des Mädchens »ständig und eindeutig angelogen zu werden«, sagt der Chefermittler zu seiner Rechtfertigung. Trotz der Pleite bleibt die Familie im Fokus. Immer wieder bedrängen Fahnder die Mutter. »Ich war die Verdächtige«, erzählt sie später voller Bitterkeit.

BEOBACHTUNGEN EINES BUSFAHRERS. Andere Hinweise, vielleicht sogar besonders bedeutsame, stoßen lange auf nicht gerade nennenswertes Interesse. Ein Busfahrer meldet sich zum Beispiel. Er steht mit seinem Linienbus an der Ampel vor der Einkaufspassage, als er einen Mann beobachtet, der ein kleines Mädchen hinter sich her zerrt. Anfangs misst er seiner Beobachtung nicht viel Bedeutung zu. So etwas kann schon mal vorkommen, denkt er. Als die Polizei im März bei den Verkehrsbetrieben Augenzeugen sucht, erinnert er sich und erkennt das Mädchen auf Anhieb wieder. Er kann sogar den Mann beschreiben: Rotblond, schwergewichtig, Schwabbelbauch, Ähnlichkeit mit einem Kollegen, wenn man sich die Haarfarbe dazu denkt. Die Ermittler springen nicht auf die Aussagen an.

Ein anonymer Anrufer will etwas über den Verbleib des Mädchens wissen. Als die Eltern am verabredeten Treffpunkt, einem U-Bahnhof in Eimsbüttel, eintreffen, läuft bei einer benachbarten Sparkassen-Filiale gerade ein Polizeieinsatz. Der Anrufer erscheint nicht. Ein junger Türke gerät ins Visier der Ermittler, weil er ein 13-jähriges Mädchen in Lurup missbraucht hat. Ebenso ein verurteilter Mann, der wegen Kindesmissbrauchs in Haft ist. Beide Spuren erweisen sich als Sackgasse.

KALTE SPUR ZUM KINDERFÄNGER. Hilal ist bereits 16 Monate verschwunden, als die Polizei einen 26-jährigen Anstreicher verhaftet. Dirk A. hat ein achtjähriges Mädchen missbraucht, gewürgt und verletzt. Es ist nicht sein erstes Mal. Sieben Mädchen soll er in seine Wohnung oder ins Auto gelockt, sexuell belästigt und dabei sogar gefilmt, eines fast umgebracht haben. In Zeitungen wird er schnell der »Kinderfänger von Osdorf« genannt. Die Schwester des Verdächtigten wohnt in der Straße von Hilal und ihren Eltern. Er hat rötlich blondes Haar, die Figur könnte passen. Und er fuhr ein dunkelblaues Auto vom Typ BMW, wie ihn Zeugen am Tag des Verschwindens beobachtet haben wollen. Das Fahrzeug hat er längst verkauft – ein Schelm, wer Böses dabei denkt?

Die Spur erkaltet schnell. Sein Arbeitgeber gibt ihm ein Alibi. Die Ermittler prüfen das nicht nach und müssen Jahre später erfahren, dass sein Alibi vom eigenen Schwager stammt und bei Nachforschungen platzt. Der Anstreicher wird wegen der anderen Delikte zu acht Jahren Haft verurteilt und landet in der Psychiatrie. Im April 2005 gesteht er, Hilal entführt, getötet und vergraben zu haben. Er lockt die Polizei in den Volkspark zu dem vermeintlichen Grab und widerruft sein Geständnis, während die Beamten dort suchen.

GESTÄNDNIS AUS DER PSYCHIATRIE. Einige Monate später das gleiche Spiel. Diesmal gesteht er, die Leiche Hilals in einer Kiesgrube am westlichen Stadtrand vergraben zu haben. Und widerruft einige Monate später wiederum. Ein anderes Mal behauptet er, die Leiche in einem Container entsorgt zu haben. Er hält die Fahnder zum Narren.

Neue Ermittler, neues Glück? Der Anstreicher bleibt im Fokus der Polizei. Auf einmal interessiert die sich auch näher für frühere Augenzeugen. Eine Freundin von Hilal hatte schon 1999 erzählt, dass ihnen ein Mann auf dem Spielplatz immer wieder Angst gemacht hat. 2005 werden der inzwischen zum Teenager gereiften Jugendlichen acht Männer in einer Gegenüberstellung präsentiert. Der Hauptverdächtige Dirk A. ist dabei. »Ich habe ihn sofort erkannt«, sagt sie dem SPIEGEL. Auch eine andere Schulfreundin erkennt den Mann wieder. Die Polizei verschärft ihre Ermittlungsanstrengungen – mal wieder. Alles noch mal von vorn. Manche Zeugen fühlen sich wie beim Brettspiel Monopoly: Zurück auf Los. Doch nichts führt zu belastbaren Beweisen. Am 6. Oktober 2006 stellt die Staatsanwaltschaft das Verfahren gegen Dirk A. ein.

ERINNERUNGEN ZUM JAHRESTAG. Die Familie gibt sich damit nicht zufrieden, vor allem Hilals Bruder Abbas nicht. Zu jedem Jahrestag ruft er die Erinnerung an seine vermisste Schwester wach. Er überredet seinen Arbeitgeber, die Verkehrsbetriebe Hamburg-Holstein, mit einem Riesenplakat an den Wänden eines Busses auf der Linie durch den Stadtteil Lurup nach neuen Zeugen oder Hinweisen zu suchen. Er bringt einen Fahndungsaufruf wie eine Gedenktafel am Einkaufszentrum an. Die »Cold-Case«-Abteilung der Polizei nimmt sich des Falles an.

Es gibt wohl keinen zweiten Fall, in dem mit gleichem Aufwand ermittelt wird, sagt die Staatsanwaltschaft. Ohne eine heiße Spur, geschweige denn rechtssichere Beweise für eine Anklage. Hilals Bruder glaubt längst nicht mehr an ein Lebenszeichen. Aber er will Gewissheit haben, für sich und seine Eltern, sagt er in einem Interview[5]. Er will abschließen können. »Wir haben jeden Tag Hoffnung, dass neue Hinweise reinkommen.« Dabei soll von nun an eine private Ermittlergruppe helfen.

1) Hamburger Morgenpost vom 27. Januar 2021;
2) ebenda;
3) DER SPIEGEL 3/22 v. 15. Januar 2022;
4) DER SPIEGEL ebenda;
5) BUNTE vom 1. Dezember 2020

↑ Der kurze Weg von Hilals Wohnhaus …

↓ … zum Supermarkt beträgt nur wenige Schritte.

Nach der heftigen Bombenexplosion
sieht die Straße in der Neustadt aus wie ein Trümmerfeld.

29

GIGANTISCHER FEUERBALL

Das »Schnapsgate« in der Neustadt

Ein beispielloser Bombenanschlag durch Auftragskiller trägt Auseinandersetzungen der polnischen Mafia ins Zentrum der Elbmetropole.

FERRARI IM KATASTROPHENFILM. Ein knallroter »Ferrari Testarossa« ist Anfang der Neunziger im Hamburger Stadtzentrum noch ein echter Hingucker. Erst recht in den engen Gassen der nördlichen Neustadt gegenüber vom Michel, die Ende des 19. Jahrhunderts nicht nur Armenviertel war, sondern auch ein beliebtes jüdisches Wohnquartier. Auch hundert Jahre später ist dort nicht das große Geld zu Hause, Protzkarren wie der Ferrari sind dort eher die Ausnahme. Als zwei junge Männer sich besonders für den parkenden Sportwagen vor dem Haus Nummer 9 in der Poolstraße interessieren, ist das denn auch nicht besonders ungewöhnlich. Ein Taxifahrer, der auf Fahrgäste wartet, registriert nur leicht verwundert, dass einer der beiden auf der Fahrerseite eine Plastiktüte unter dem tiefergelegten Flitzer verstaut.

Der Besitzer des über 300 000 Mark teuren Gefährts ist ein polnischer Geschäftsmann. Er ist in Hamburg noch kaum bekannt, in seiner Heimat aber bereits eine ganz große Nummer. Vor allem bei illegalen Geschäften. Um 19.15 Uhr kommt der 41-jährige Zbigniew Nawrot mit seiner knapp 19-jährigen Freundin aus seiner Wohnung im Haus schräg gegenüber. Als er den Schlüssel ins Schloss der Fahrertür steckt und die Zentralverriegelung aktiviert, erschüttert eine Bombenexplosion das Wohnviertel. Das Protokoll der Polizei nach der Explosion liest sich später wie ein Drehbuch für einen Katastrophenfilm.

Die Bombe zerreißt den Benzintank und setzt ein Benzin-Gas-Gemisch frei. Der Wagen steht »in einem gigantischen Feuerball«, notieren die Ermittler[1]. Der Druck hebt das Heck des Fahrzeugs in die Luft, reißt die Motorhaube hoch und setzt mehrere parkende Autos in Brand. Die Straße sieht aus wie nach einem Bombenangriff. Der Autobesitzer wird »von dem Feuerball aus den Schuhen gehoben und auf der anderen Straßenseite gegen einen geparkten VW-Bus geschleudert«. Er rappelt sich hoch und schleppt sich noch etwa 20 Meter weit, bis er auf dem Fußweg zusammenbricht. Augenzeugen werden später aussagen, dass aus den Flammen ein schwer verbrannter Mann stolpert, dessen Füße »von der Explosion abgerissen« waren[2]. Die Stichflammen des Feuerballs reichen mehrere Stockwerke hoch, das ganze Haus wird verrußt. Die Explosion des Tanks reißt einen Sprengtrichter in den Asphalt.

Nawrots schwere Verbrennungen erstrecken sich über 60 Prozent der Körperoberfläche. Er wird in eine Spezialklinik gebracht, in der er nach drei Wochen seinen Verletzungen erliegt. Seine junge Begleiterin hat mehr Glück. Sie erleidet Verbrennungen an Kopf, Händen und Unterschenkeln, die jedoch nicht lebensgefährdend sind.

PRÄZISE AUGENZEUGEN. Die Hamburger Polizei steht vor einem Rätsel. Zumal nur wenige Tage zuvor schon einmal ein Sprengsatz in der Einfahrt einer Tiefgarage um die Ecke hochgegangen war. Aber ein Sprengstoffanschlag »in dieser Qualität« ist in Hamburg »einzigartig« und wird es auch bleiben[3]. Die Ermittler haben Glück. Trotz des Schocks sind die Berichte der Augenzeugen präzise. Sie beobachten, dass alle Menschen am Unglücksort total geschockt reagieren – bis auf eine Person, die »ruhig wegging und in einen grünen Audi 80 mit polnischem Kennzeichen« steigt.

Die Autonummer führt zu zwei jungen Polen, 24 und 26 Jahre alt, die in intensiver Zusammenarbeit mit der polnischen Polizei und Kollegen von der Organisierten Kriminalität in Wien schon bald in deren Heimat festgenommen werden. Sie gestehen die Auftragsmorde und geben an, von zwei international operierenden polnischen Geschäftsleuten beauftragt worden zu sein: Die Brüder Mieczyslaw und Piotr M. sind der Polizei in Polen einschlägig bekannt. Insbesondere Mieczyslaw wird als Teil bandenmäßig betriebenen internationalen Drogenhandels gesehen.

Ihre Aussagen und Geständnisse führen die Ermittler mitten hinein ins polnische Mafiamilieu. Die politische Wende in Polen hat Ende der Achtzigerjahre eine wilde Zeit ausgelöst. Skrupellose Kriminelle nutzen während des politischen und wirtschaftlichen Umbruchs Rechts- und Sicherheitslücken zu ganz schnellem und vor allem illegalem Reichtum. Ehemalige Parteibonzen und neue Amtsträger sind dabei, harmlose Bürger und gut organisierte Verbrecherbanden. Glücksspiel und illegale Kasinos sprießen aus dem Boden. Fast noch schnelleres Geld verspricht aber der illegale Handel mit Schnaps und Alkohol.

ALKOHOLSCHMUGGEL KOSTET MILLIONEN STEUERN. Das Staatsmonopol auf Alkohol zerbröselt mit der Wende im Herbst 1989 nahezu komplett. Staatliche Behörden lassen sehenden Auges zu, wie neben Verbrecherbanden auch harmlose Bürger, Ärzte, Politiker oder ein »akademisches« Kulturbüro jegliche Zollauflagen umgehen und billigen Westalkohol ins Land bringen – zum Teil sogar übel gepanscht. Von Schmuggel kann schon fast keine Rede mehr sein, so dreist sind die Schnapstransporte. Firmen werden zum Teil nur zum Zweck der illegalen Einfuhr von alkoholischen Spirituosen gegründet und später sofort wieder aufgelöst. Staatliche Schnapsbrennereien und der Großhandel sind praktisch arbeitslos. Der Oberste Rechnungshof und eine parlamentarische Untersuchungskommission in Warschau werden später feststellen, dass den polnischen Finanzbehörden bis Anfang der Neunzigerjahre 200 Millionen Dollar an Steuern und Gebühren durch die Lappen gehen[4]. Andere Quellen sprechen sogar von bis zu 1,8 Milliarden Dollar. Die Affäre geht als größter Wirtschaftsskandal des Landes und »Schnapsgate« in die polnische Geschichte ein. Und reicht bis nach Hamburg.

FLUCHT NACH BRASILIEN. Denn der Ferrari-Besitzer ist offenbar Teil solcher Geschäfte und ernstzunehmender Konkurrent für andere Akteure, wie den Geschäftsmann Mieczyslaw M. Er soll deshalb ein für allemal aus dem Weg geschafft werden. Genaueres als den Konflikt rivalisierender Banden werden die Ermittlungen nie zutage fördern. Offiziell bleibt es bei der Sprachregelung, dass als Motiv »wirtschaftliche Interessen vermutet« werden. Die sind aber so gravierend, dass erst eine Sonderkommission und dann sogar, 13 Jahre nach dem brutalen Anschlag, eine besondere Einheit des Landeskriminalamtes Hamburg eingeschaltet wird. Die Zielfahnder des Fachkommissariats Fahndung, LKA 23.

Geschäftsmann Mieczyslaw gilt in Polen als Teil der polnischen Mafia[5]. Akribisch wühlen sich die Spezialermittler noch mal durch alle Informationen und einige neue Details zur Flucht des Polen, der mit einem internationalen Haftbefehl gesucht und vor allem in Südamerika vermutet wird.

Sie stellen fest, dass der Gesuchte in Brasilien zunächst die Identität eines verstorbenen Mannes angenommen hatte, bis er den Pass verlängern muss und auffliegt. Er flüchtet in die USA und kommt bei Landsleuten unter, aber das Verbrechen lässt ihn nicht los. Die Ermittlungen ergeben, dass er an der Einschleusung illegaler Einwanderer aus Mexiko und Kanada beteiligt ist[6]. Als Mieczyslaw zurück nach Europa kommt, sind ihm Hamburger Zielfahnder bereits nicht mehr

Das Wohnhaus am Schauplatz der Explosion (m.) sieht gut 30 Jahre danach fast unverändert aus.

nur auf den Fersen, sondern sie sind »schon fast in greifbarer Nähe«. Sie spüren ihn zusammen mit polnischen Kollegen im Haus seiner Ex-Frau in Javorce nicht weit von Kattowitz auf. Aber wie sollen sie einen Schwerverbrecher und Experten für militärischen Sprengstoff aus seinem Verlies herauslocken? Nach 16 Jahren Fahndung hat die Polizei die besseren Nerven und wartet ab. Polnische Spezialisten legen sich auf die Lauer.

Als Mieczyslaw am 23. April 2007 endlich einmal vor das Haus tritt, ist er sofort von schwer bewaffneten Polizisten umringt und »sichtlich völlig überrascht«[7]. Noch im Sommer 2007 wird einer »der am längsten gesuchten Verbrecher der Welt«, so polnische Medienberichte, verurteilt. 17 Jahre nach seinem Hamburger Mordauftrag an zwei Handlangern wird er zu 25 Jahren Freiheitsentzug verurteilt. Trotz aller Unschuldsbeteuerungen.

1) Archiv des Polizeimuseums Hamburg;
2) DIE Welt vom 30.7.2009;
3) Landeskriminalamt, »Polizeibericht 2007«;
4) »taz«, die Tageszeitung vom 18. Februar 1992;
5) Dziennik.pl;
6) »Im Visier – Zielfahnder verfolgen einen Mörder quer über die Kontinente«, Bericht des LKA23 in »Polizeibericht 2007«;
7) Bericht der Zielfahnder ebenda

30

INNERER AUFTRAG

Der Alster-Mord

Ein verliebter Teenager sitzt mit seiner Freundin am Wasser, als er hinterrücks von einem Unbekannten erstochen wird.

Aus Trauer wurden am Tatort am Ufer der Alster spontan Blumen und Kerzen niedergelegt.

OPUS DER TRAUER. Ihre Lieder sind traurig und schmerzerfüllt. Manchmal sehnsuchtsvoll. Das ist kein Zufall. Es ist ein sehr persönliches Album, das Véronique Elling (46) im Mai 2020 veröffentlicht. Und das ist keine der üblichen PR-Schablonen. »Opus1« ist ihr erstes. Und so persönlich, wie wohl kaum vorher auf dem schillernden Musikmarkt eines war. Sie verarbeitet darin die Trauer um ihren Sohn, den sie viel zu früh verloren hat.

Die in Montpellier geborene Französin ist Chansonsängerin: Sie liebt Jacques Brel und Édith Piaf. Und singt normalerweise deren Lieder. Sie ist auch Schauspielerin, hat Literatur und Theaterwissenschaften studiert, lehrt Hochschüler. Und sie ist Mutter. Deren Sohn zwei Jahre vor der Veröffentlichung ihres Albums einem der heimtückischsten und berührendsten Verbrechen der Stadt zum Opfer gefallen ist.

SOMMERABEND AM WASSER. Der 16. Oktober 2016 ist der erste Sonntag in den Herbstferien, ein sonnig warmer Tag. Es liegt fast noch ein bisschen Indian Summer in der Luft. Den Nachmittag verbringt Victor (16) mit seiner Mutter, deren Lebensgefährten und seiner kleinen Schwester. Sie sind eine musikalische Familie. Sie singen ein bisschen, »Hallelujah« von Leonard Cohen zum Beispiel, sein Lieblingslied. So erzählt es seine Mutter später[1]. Sie spielen auch zusammen Klavier. Die Mondscheinsonate von Beethoven unter anderem. Auch so ein Lieblingsstück.

Am Abend ist er mit seiner Freundin verabredet. Sie wollen ins Savoy-Kino in der Nähe vom Hauptbahnhof. Aber sie haben sich im Programm geirrt. Also entscheiden sie spontan, zur Alster zu gehen. So wie es viele Hamburger lieben. Für Touristen ist die Außenalster eine grüne Oase zum Spazierengehen, für Jogger ist der 7,4 Kilometer lange Rundkurs um den Binnensee eine beliebte sportliche Herausforderung. Liebespaare sitzen dort gern unter Weiden und Laubbäumen und träumen in den Sonnenuntergang. Victor und seine Freundin setzen sich am Fuß der Kennedybrücke ans Wasser. Da, wo man unter der Brücke hindurch die Binnenalster und das Hamburger Rathaus dahinter erkennen kann. Eine der schönsten Stadtkulissen.

Die Chansonnière Veronique Elling singt über Trauer und Schmerz um ihren geliebten Sohn.

STICHE IN DEN RÜCKEN. Gegen 22 Uhr, die Temperaturen sind merklich abgekühlt, nähert sich aus dem Hintergrund unbemerkt ein Mann. Die beiden jungen Leute lassen sich nicht stören, bis der Unbekannte Victors Freundin in die Alster schubst. Anschließend sticht er mehrfach wohl mit einem Messer auf Victor ein. Und flieht Richtung Alsterwanderweg. Die Freundin alarmiert die Rettungskräfte. Aber Victor erliegt seinen schweren Verletzungen nur wenige Minuten nach der Tat im Krankenhaus. Alle Rettungsversuche der Ärzte kommen zu spät.

Unberührt lädt der ehemalige Tatort inzwischen zum Verweilen und Entspannen ein.

Mutter Véronique fängt zur gleichen Zeit an, sich Sorgen zu machen. Ihre Handynachrichten bleiben unbeantwortet, ihr Sohn meldet sich nicht. Das ist sonst nicht Victors Art. Im Gegenteil. Der musisch talentierte Schüler gilt als sensibel und fürsorglich. Und zwar in jeder Beziehung. Manchmal etwas still und schüchtern vielleicht, ein guter Schüler, vor allem in Mathe und Philosophie, der viel liest, sich in der Literatur gut auskennt. Der vielleicht irgendwann Schriftsteller geworden wäre, so glaubt sie.

SENSIBEL UND FRIEDLICH. Als es endlich an der Wohnungstür klingelt, ist es weit nach 23 Uhr. Und vor der Tür steht nicht ihr Sohn, sondern die Polizei. Das kann nicht sein, denkt sie, als ihr die schreckliche Nachricht mitgeteilt wird. Das passt doch nicht. »Victor war der friedlichste Mensch, den man sich überhaupt vorstellen kann«, sagt sie[2]. Wie kann so etwas passieren?

Sagenhafte 96 Prozent aller Tötungsdelikte klärt die Hamburger Polizei nach Statistiken von 2017 auf[3]. Beim Mord an Victor tappt sie im Dunkeln. Es gibt keine Tatwaffe und keine belastbaren Zeugenaussagen. Einer Autofahrerin auf der Brücke läuft zur Tatzeit ein junger Mann vors Auto, einen Unfall kann sie nur mit Mühe vermeiden. Die Frau ist Grafikerin und kann eine präzise Beschreibung des Mannes geben: südländisches Aussehen, 23 bis 25 Jahre alt, Dreitagebart. Aber ob er der Täter ist oder nur ein eiliger Fußgänger, der fahrlässig die Fahrbahn überquert, ist nicht zu klären.

Zwei Wochen nach der Tat reklamiert der Islamische Staat die Tat für sich. Aber die Angaben des IS sind vage und oberflächlich, sie passen nicht ins politische Aktionsschema der Terrororganisation. Staatsschutz und Bundesanwaltschaft stufen sie als zynisches Propagandamanöver ein.

VERGEBLICHE SPURENSUCHE. Die Hamburger Ermittler lassen nichts unversucht, dem heimtückischen Täter auf die Spur zu kommen. Eine Taucherin simuliert mehrfach den Sturz der Freundin ins Wasser. So soll geklärt werden, ob ihre Beobachtungen realer Wahrnehmung entsprechen oder unter Schock beeinflusst sein könnten. Alles passt. Weil sich der Täter vielleicht mit der Tatwaffe an der Hand verletzt haben könnte, schreibt die Polizei 10 000 Ärzte an. Sogar Strafzettel für Parksünder werden ausgewertet. Und Videos von Bussen, Bahnen und an Bahnhöfen. Ebenso tausende Funkzellen von Handys. An die 5 000 Spuren werden verfolgt. Alle Fehlanzeige.

An eine geplante Tat glauben die Ermittler nicht. Victor und seine Freundin entscheiden sich nur für die Alster, weil ihr Film im Kino nicht läuft. Das kann niemand wissen. »Eine

Beziehungstat scheidet praktisch aus«, sind die Ermittler sicher[4]. Für eine Tat im Affekt oder im Blutrausch gibt es keine Anhaltspunkte. Vielleicht sind die jungen Leute einfach nur zur falschen Zeit am falschen Ort gewesen. Und fallen einem psychisch gestörten Täter in die Hände. Womöglich mit einer paranoiden Schizophrenie, geleitet von einer Art »innerer Auftrag«. Die Polizei lässt sogar ein Täterprofil erstellen, das von einer psychischen Störung ausgeht. Alles ohne Erfolg.

ZUFLUCHT IN DER MUSIK. Véronique Elling und ihre Familie suchen mit ihrer Trauer Zuflucht in der Musik. »Singen war das Einzige, das half «, sagt sie in einem ihrer ganz seltenen öffentlichen Interviews[5]. Ihr Schmerz findet Worte. »Manchmal ist mir im Sommer kalt«, singt sie in einem ihrer Lieder auf dem Album »Opus1«, das sie als »Liebeserklärung« an ihren Sohn versteht und das zugleich ihre Ängste widerspiegelt: »Manchmal möchte ich nach vorne blicken. Manchmal fürchte ich dein Gesicht zu vergessen«[6]

Der französische Generalkonsul lädt die Sängerin zum französischen Nationalfeiertag ein. Sie soll auf einem Empfang die französische Nationalhymne singen. Sie lehnt ab. Die »Marseillaise« sei ihr zu kriegerisch: zu viel Waffen, zu viel Blut. »Ich habe erlebt, was Gewalt anrichten kann«, sagt sie. Das bringt sie nach dem Mord so nicht über die Lippen. Sie soll die Hymne für den Abend umdichten. Statt »zu den Waffen, Bürger« macht Véronique Elling daraus eine Hymne für Europa, eine Hymne der Hoffnung, für die Freiheit, für die Gerechtigkeit: »Möge der Friede unseren Weg erleuchten«. Frankreichs Präsident Emmanuel Macron dankt ihr persönlich per Brief.

DIE STADT IST AUFGEWÜHLT. Die staatlichen Ermittler lassen in ihren Bemühungen nicht locker. Es ist ihnen anzumerken, dass ihnen die besondere Heimtücke und Brutalität sehr zu Herzen geht. Mehr als bei vielen anderen Taten, von denen sie schon etliche erlebt haben. Ein Mord, der die Stadt ganz besonders aufwühlt. Sie werden die Akten nicht schließen, geben nicht auf. Victors Mutter tröstet sich so gut es geht mit Musik. Auch wenn der Corona-Pandemie etliche Liederabende zum Opfer fallen. Endlich steht sie wieder auf der Bühne. »Ich liebe dich«, singt sie in einem ihrer Chansons an ihren Sohn, »und sag' doch bye bye«.

Teenager Victor Elling wird Opfer eines feigen Anschlags aus dem Hinterhalt.

1) DIE ZEIT: »Wie hält sie das aus?« v. 17.3.2019;

2) Hamburger Abendblatt v. 6.10.2018;

3) ebenda;

4) DIE ZEIT vom 15. Dezember 2021: »Ich weiß, dass Wut nirgendwo hinführt«;

5) ebenda;

6) rtl.de vom 26.5.2020

Auf dem Vorplatz des Feinkostgeschäfts trauern Nachbarn und Freunde um den beliebten Händler.

31

TOD IM ONKEL-WILLI-LADEN

Der Dabelstein-Mord

Zwei Jugendliche erstechen den alten Besitzer eines Kultkiosks zwischen gutbürgerlichen Einfamilienhäusern und erschüttern die politische Debatte.

EIN HERZ FÜR KINDER. Willi Dabelstein (73) ist so etwas wie die gute Seele des Stadtteils Tonndorf weit draußen im Hamburger Osten. Sein kleiner Eckladen in einem Rotklinkereinfamilienhaus ist abseits der großen Supermärkte das Ziel für letzte Besorgungen. Und kurze Klönschnacks. Hinter dem Verkaufstresen hat der gutgelaunte Alte in seinem weißen Kittel immer ein nettes Wort für seine Kunden. Die Kinder der Nachbarschaft nennen ihn »Opa« oder »Onkel Willi«. Eigentlich ist sein Feinkostgeschäft mehr ein »Onkel-Willi-« als ein Tante-Emma-Laden. An seiner Tür prangt ein Aufkleber: »Ein Herz für Kinder«.

STICHE MIT DEM FLEISCHERMESSER. Christian und Patrick sind fast noch Kinder, als sie am 29. Juni 1998 zur Mittagszeit den kleinen Laden betreten. Zuhause haben sie sich abgemeldet, »Zigaretten holen«. Tatsächlich haben es die beiden 16-Jährigen auf das Geld von Willi Dabelstein abgesehen. Als Christian in die Kasse greift, will sich der Alte wehren. Patrick zögert nicht lange und sticht ihm mit einem Fleischmesser dreimal in die Brust und einmal in den Kopf. Die beiden Teenager entkommen mit 220 Mark.

Lisa Dabelstein, seit 46 Jahren mit Willi verheiratet, ist zu diesem Zeitpunkt kurz im Garten. Zu Mittag soll es sein Lieblingsessen geben: Bohnen, Birnen und Speck. Als sie wieder ins Geschäft kommt, findet sie ihren Mann auf dem Boden. »Überall Blut«, erzählt sie später Journalisten, »er reagierte nicht mehr«[1]. Der Feinkostladen wird nie wieder seine Türen öffnen. Die beiden noch jugendlichen Täter werden schnell gefasst. Nach der Tat gehen sie, als wär' nichts gewesen, noch ins Kino, angeblich hat Christian seine Freundin dabei. Es gibt »Romeo und Julia«, so erfahren Medien[2]. Dann erwischt sie die Polizei.

RECHT UND ORDNUNG. Der Mord an dem Kioskbesitzer erschüttert das Land weit über die Stadtgrenzen Hamburgs hinaus. Nicht nur wegen der Grausamkeit. Es ist Wahlkampfzeit. Bei der Bundestagswahl im September des Jahres »droht« zum ersten Mal Rot-Grün die Macht zu erobern. So wie Hamburg bereits regiert wird. Der Streit um den richtigen Umgang mit jugendlichen Intensivtätern spaltet die Republik. Als wäre die innere Sicherheit vor allem von kriminellen Kindern bedroht. Die Konservativen versuchen mit »Recht und Ordnung«-Parolen Boden bei den Wählern gutzumachen. Hardlinern wie Bundesinnenminister Manfred Kanther (CDU) kommt der Mord in Tonndorf gerade recht. Sie fordern nur noch lauter »null Toleranz«, geschlossene Heime, Senkung des Strafmündigkeitsalters. Mit einem Wort: hartes Durchgreifen. Christian und Patrick sind für sie der letzte Beweis.

Denn die beiden 16-Jährigen sind für Justiz und Polizei ganz und gar keine unbeschriebenen Blätter. Im Gegenteil. Beide haben zum Tatzeitpunkt bereits lange Strafregister.

Willi Dabelstein war seit 46 Jahren mit seiner Frau Lisa verheiratet.

Bei Patrick beläuft sich das auf 30 Eintragungen. Drogendelikte, Raub, räuberische Erpressung. Wahrlich keine Kleinigkeiten[3]. Zwei Wochen vor dem Mord kommt er das erste Mal in Haft. Doch drei Tage vor der Bluttat wird er wieder freigelassen – zugunsten erzieherischer Maßnahmen in einer offenen Wohngruppe.

MENSCHEN STATT MAUERN. Bei Christian stehen zum gleichen Zeitpunkt sogar schon 40 Delikte zu Buche. Seine Liste ist noch um Körperverletzung und Brandstiftung angereichert. Der Junge hat Sprachstörungen, kann nicht richtig schreiben und lesen. Kumpels rufen ihn wegen seiner Unberechenbarkeit »Psycho«. Am 19. Juni kommt er aus dem Jugendgefängnis Hahnöfersand, einer kleinen Elbinsel vor den Toren der Stadt, in eine therapeutische Jugendgruppe, wo er wenige Tage später Patrick kennenlernt.

Das Wohnprojekt mit zehn Plätzen ist zu der Zeit eine einzigartige Einrichtung in der Stadt. Seit einigen Jahren können Jugendrichter kriminelle Minderjährige dort einweisen, wenn es dort eine günstigere Prognose für deren Entwicklung erwarten lässt als in einer Jugendstrafanstalt. Der Aufenthalt in der Wohngruppe wird den Jugendlichen als Untersuchungshaft auf ihre Haftstrafe angerechnet.

Die Jugendvilla ist eine offene Einrichtung. Ihre Bewohner haben einen Hausschlüssel und können das Haus jederzeit verlassen. Manchmal dürfen sie sogar auswärts übernachten. Das ist Teil des pädagogischen Konzeptes »Menschen statt Mauern«, das die Sozialdemokraten präferieren. Kurz vor der Tat kaufen die beiden Teenager in einem Einkaufszentrum ein dreiteiliges Messerset und Nylonstrümpfe als Gesichtsmaske. In der Wohngruppe melden sie sich ordentlich ab. Wie gelernt. In Tonndorf haben sie den Kiosk von »Opa Dabelstein« ausgeguckt. Wenn der Alte Zicken macht, wollen sie ihn »abstechen«. Darauf verständigen sich die beiden vorher, wie sie später vor Gericht aussagen. Und zögern keinen Moment lang, als es genau dazu kommt.

PRÄVENTION STATT REPRESSION. Boulevardmedien heizen nach dem Mord die allgemeine Stimmung an. Von »Schande der Justiz« ist die Rede. Es scheint, als seien junge Serientäter ein neues Massenphänomen, für das es eigentlich ein Patentrezept gibt. Im Kern geht es um die Frage, ob jugendliche Intensivtäter strikt weggesperrt gehören. Oder ob ihre gesellschaftliche Wiedereingliederung mit pädagogischen und Erziehungsmaßnahmen zu erreichen ist. Die Experten sind sich eigentlich einig. »Kinder wegzuschließen ist keine Lösung und kein Konzept«, sagt stellvertretend der Leiter einer Jugendhaftanstalt. Er weiß wovon er spricht: Er erlebt tagtäglich kaputte Jugendliche, die in einer geballten Subkultur aus Kriminalität und Verbrechen in geschlossenen Einrichtungen entsorgt sind. Und dort meist noch gewalttätiger werden als sie eh schon waren.

Gerade deshalb sind seit Anfang der Neunziger fast alle geschlossenen Einrichtungen im Bundesgebiet dichtgemacht worden. Noch ein Jahr vor der Bluttat in Tonndorf haben die Jugendminister der Länder sich über alle Parteigrenzen hinweg erneut dafür ausgesprochen, dass bei Jugendlichen »Prävention Vorrang vor Strafverfolgung und Repression« haben soll. Der Beschluss der 16 Minister fällt einstimmig. »Freiheitsentziehende Maßnahmen« sollen auf das »unabdingbare Maß begrenzt werden«. Davon ist nach Tonndorf keine Rede mehr. Im Gegenteil. »Wer solchen Menschen mit Wohnungen in sanierten Altbauvillen und Segeltörns für

Viele von der Tat erschütterte Bürger nehmen auf der Trauerfeier Abschied von Onkel Willi.

ihre kriminellen Aktivitäten auch noch das Leben versüßt, der trägt Mitschuld an den grausamen Verbrechen«, so formuliert es zum Beispiel die Hamburger CDU.

Als die beiden Jungs ein halbes Jahr nach dem Mord zu acht Jahren Freiheitsentzug verurteilt werden, bleibt das Landgericht zwei Jahre unter der möglichen Höchststrafe. Die Richter berücksichtigen das jugendliche Alter beider Täter und werten die Tat unter anderem als »Ausdruck mangelnder Erziehung«[4]. Die öffentliche Empörung schlägt erneut hohe Wellen.

ENDE FÜR ROT-GRÜN. Der Streit um Recht und Ordnung in der Stadt kostet die Sozialdemokraten 2001 die Macht. Rot-Grün wird abgelöst durch eine Dreierkoalition unter Führung der CDU. Möglich macht den Regierungswechsel vor allem der fulminante Wahlerfolg von »Richter Gnadenlos« Ronald Schill. Mit rechtspopulistischen Law-and-Order-Parolen erreicht er, unterstützt von den Hamburger Boulevardmedien, auf Anhieb 19,4 Prozent der Stimmen. Auch und gerade in gutbürgerlichen Wohnvierteln kommen seine Parolen gut an. 2003 öffnet der rechtskonservative Senat nach vielen Jahren wieder ein geschlossenes Heim. Das wird ganze fünf Jahre existieren.

Nach mehreren Skandalen unter anderem wegen Misshandlung von Insassen wird es 2008 wieder geschlossen. Der Name des Heims »Feuerbergstraße« geht genauso als Synonym für das Scheitern im Umgang mit jugendlichen Straftätern in die Geschichte ein wie der Mord an »Opa Dabelstein«. Der »Richter Gnadenlos« ist da schon seit fünf Jahren politische Geschichte. Er fliegt bereits 2003 nach mehreren Affären aus dem Amt.

1) BILD vom 28. Juni 2008;
2) DIE ZEIT vom 9. Juli 1998;
3) Hamburger Abendblatt vom 3. Juli 2002;
4) Hamburger Abendblatt ebenda

32

ALS DER FUSSBALL SEINE UNSCHULD VERLIERT

Der tote Fan

Als Bremer Anhänger in einen Hinterhalt gewaltbereiter HSV-Fanatiker geraten, kommt zum ersten Mal ein Fußballfan ums Leben.

Bremer Fußballanhänger erinnern 1983 in der Fankurve an ihren getöteten Freund und Mitstreiter.

RIVALITÄT MIT TRADITION. Die Rivalität zwischen den Fußballklubs Hamburger Sport-Verein (HSV) und Werder Bremen ist legendär. Und wird nicht nur auf dem grünen Rasen ausgetragen. Sie hat wohl ebenso lange Tradition wie die sportliche Geschichte beider Vereine im deutschen Fußball. Vor Gründung der eingleisigen Fußballbundesliga 1963 gewinnt der HSV 15 von 16 Titeln als Nordmeister, die letzten fünf Jahre jeweils vor den Bremern. Die Rollenverteilung war klar und ändert sich erst in einigen Spielzeiten der Bundesliga, in der Werder viermal die Deutsche Meisterschaft gewinnt, der HSV nur dreimal.

Als der HSV die Gäste von der Weser am 16. Oktober 1982 zum Pokalspiel empfängt, ist die Dominanz der Hamburger besonders ausgeprägt. Als amtierender Meister sind sie auf dem besten Weg zur erfolgreichsten Saison ihrer Vereinsgeschichte. Am Ende werden sie ihren Titel als Deutscher Meister ausgerechnet gegen Werder Bremen verteidigen. Die werden punktgleich nur wegen des schlechteren Torverhältnisses Zweiter. Außerdem holt der HSV zum Saisonabschluss den Europapokal der Landesmeister gegen den hohen Favoriten Juventus Turin – der größte Erfolg in der Hamburger Vereinsgeschichte. Dass die Saison zugleich als die tragischste in die Annalen des Klubs eingehen wird, ahnt bei Anpfiff des Pokalspiels niemand.

FANKRAWALLE VOR DEM ANPFIFF. Der HSV gewinnt das Spiel an diesem tristen Herbstnachmittag mit 3:2 vor mäßiger Kulisse. Nur 20 000 Zuschauer sehen in der Betonschüssel des alten Volksparkstadions den Sieg und den Einzug in die nächste Pokalrunde. Adrian Maleika, ein 16 Jahre alter Glaserlehrling aus Bremen, erlebt das Spiel nicht mehr. Er wird bei Fankrawallen kurz vor Anpfiff schwer verletzt und stirbt an den Folgen im Krankenhaus. Maleika ist das erste Todesopfer bei Fußballkrawallen in Deutschland. Sein Schicksal markiert einen Wendepunkt in der Fankultur in deutschen Stadien.

KEIN POLIZEISCHUTZ FÜR DIE TREUEN BREMER. Bis heute, 50 Jahre danach, ist ungeklärt, wie genau es damals zu dem tragischen Vorfall kam. Adrian Maleika war Mitglied des Bremer Fanklubs »Die Treuen«, die zum Pokalspiel von der Weser anreisen. Zum ersten Mal seit vielen Jahren konkurrieren beide Vereine wieder auf Augenhöhe. Die erste Begegnung in der Punktspielrunde endete 1:1, das Pokalspiel verspricht große Spannung. Schon bei der Ankunft der Bremer Fans am Hamburger Hauptbahnhof fliegen Bierdosen zwischen den verfeindeten Lagern[1]. Polizei begleitet die Werder-Anhänger in der S-Bahn auf dem Weg ins Stadion. Maleika und seine Freunde steigen aber nicht wie die meisten Stadionbesucher am Bahnhof Stellingen aus, wo Polizeischutz wartet. Sie fahren eine Station weiter bis nach Eidelstedt. Dort ist keine Polizei.

Als hätte der Auszubildende eine Vorahnung gehabt, fällt er als Fan diesmal nicht auf. Eigentlich ist es die Zeit der Fankutten: Zerfledderte Jeanswesten sind mit Vereinsemblemen, Abzeichen und Sprüchen über und über bestickt, zur Ausstattung der Anhänger gehören außerdem Schals und Fahnen. Viele seiner Freunde sind so gekleidet und ausstaffiert, Adrian reist an diesem Tag »privat«. Sie sind nach unterschiedlichen Quellen wohl an die 150 Fans, die treuesten der »Treuen«, die ihren SV Werder an der Elbe zusammen mit anderen Bremern unterstützen wollen. Sie ziehen vorbei an tristen Industriehöfen, bis sie am Volkspark in Sichtweite des Stadions ankommen.

Hamburger und Bremer Fußballfans kommen Anfang 1983 zu einem Versöhnungsgespräch zusammen.

LÖWEN IM GEHÖLZ. Es sind kaum mehr als 35 Minuten bis zum Anpfiff, als sie in unübersichtlichem Gehölz von feindlich gesinnten HSV-Anhängern erwartet werden. Gewaltbereite Skinheads und Hooligans sind darunter. Und wohl auch Mitglieder der berüchtigten Hamburger »Löwen«, die damals als gewaltbereit gelten und von Rechtsradikalen unterlaufen sein sollen. Es kommt zu schweren Prügeleien mit Knüppeln und anderen Schlagwerkzeugen. Leuchtspurmunition wird geschossen, Gas gesprüht, Ziegel und Mauersteine fliegen.

Adrian Maleika wird von einem am Hinterkopf getroffen und erleidet einen Schädelbasisbruch. Als er nach etwa 20 Minuten von Polizisten in einem Gebüsch gefunden wird, haben sich die Beteiligten längst aus dem Staub gemacht. Ob der junge Mann in dem Buschwerk Schutz suchte oder dorthin geschleppt wurde, ist nicht ganz klar. Er stirbt am nächsten Tag im Krankenhaus an den Folgen schwerer Hirnblutungen. An Gesicht und Oberkörper hat er grüne und blaue Flecken, als wenn er auch noch brutal getreten wurde[2].

BETEILIGUNG VON RECHTSRADIKALEN? Auch wer genau eigentlich angefangen hat, ist bis heute umstritten[3]. Die meisten Chronisten gehen von einem Hinterhalt aus, der von gewaltbereiten Hamburger Fans vorsätzlich organisiert wurde. In einer Sonderausstellung des HSV in Zusammenarbeit mit dem Netzwerk Erinnerung und dem Supporters Club des Vereins wird Maleikas Tod »ins rechte Licht gerückt«[4] und zusammen mit zwei anderen Todesopfern auch damaligen HSV-Fans aus der rechten politischen Szene mit angelastet.

Der tragische Vorfall markiert eine Zäsur im deutschen Fußball und seiner Fankultur. Schon 1979 hatten Psychologen Veränderungen auf den Fußballtribünen wahrgenommen und zunehmende Schlägereien sowie »Territorialkämpfe« protokolliert[5]. »Dass jemand zu Tode kommt, das habe ich mir nicht vorstellen können«, sagt der damalige HSV-Präsident Wolfgang Klein. Jetzt hat der deutsche Fußball sein erstes Todesopfer. Andere Tote in anderen europäischen Städten werden folgen.

KAMPF UM DEN BALL. Die Polizei nimmt nach den Krawallen vier Anhänger fest, die Gaspistolen, Leuchtmunition und Gassprühdosen bei sich tragen. Gut ein Jahr nach den tödlichen Krawallen stehen acht Mitglieder des HSV-Fanklubs »Die Löwen« vor dem Hamburger Landgericht, sieben Männer und eine Frau. Der Hauptangeklagte wird zu zweieinhalb Jahren Gefängnisstrafe verurteilt, ein anderer nach einem Teilgeständnis zu zwölf Monaten auf Bewährung. Die Frau bekommt ein paar Arbeitsmaßnahmen aufgebrummt, das war's. Ihre Freunde werden freigesprochen. Wer den tödlichen Stein geworfen hat, ist bis heute ungeklärt.

Adrians Freunde trauern hilflos auf Transparenten: »Fußball ist Kampf um den Ball – und nicht Kampf zwischen den Fans.« Auf einer Art Friedensgipfel treffen sich rund 200 Fanvertreter beider Vereine noch im gleichen Monat in Scheeßel, auf halber Strecke zwischen den beiden Hansestädten. In Anwesenheit der Klubmanager Günter Netzer (HSV) und Willi Lemke (Werder) wird ein »Stillhalteabkommen« zwischen den rivalisierenden Fans vereinbart. An der bis heute anhaltenden Feindschaft ändert das wenig. Und auch nicht an immer wiederkehrenden Schlägereien.

1) Shz.de vom 15. Oktober 2012;

2) Hamburger Abendblatt vom 16. Oktober 2012;

3) DER SPIEGEL vom 16. Oktober 2007;

4) Sonderausstellung »Ins rechte Licht gerückt – der Einfluss von Rechts auf die HSV-Fanszene der 1980er-Jahre« im HSV-Museum, März 2022;

5) SPIEGEL 43/1982

↑ HSV-Fotoausstellung gegen Fußballgewalt

↓ Fanprotest auf Schautafeln dokumentiert

↑ Erinnerungsaktion im Stadion

↓ Protestplakate von Fans in der Ausstellung

In seinem weißen Sportcoupé
wird der Rockerboss auf St. Pauli niedergeschossen.

33

HÖLLENENGEL UND WIEDERGÄNGER

Der Rockerkrieg

Nach einem Schusswechsel auf St. Pauli wird klar:
Es gibt sie noch – die legendären
und eigentlich verbotenen Hells Angels.

ROT AN DER REEPERBAHN. Der Fahrer des schnittigen weißen Bentley Coupés ist zu nächtlicher Stunde auf dem Heimweg von seinem Lieblingsitaliener in einer kleinen Seitengasse auf St. Pauli in die HafenCity. Am Millerntorplatz muss der Luxusschlitten an einer roten Ampel halten. Nach rechts erstreckt sich die 930 Meter lange Reeperbahn mit ihrer bunten Glitzerwelt von Rotlichtkneipen, angesagten Musikklubs und bei Touristen beliebten Musicalbühnen. Geradeaus geht's runter zum Hafen mit den angesagten futuristischen Wohnvierteln für Besserverdienende.

SCHÜSSE DES BEIFAHRERS. Ein Mercedes hält in der Fahrspur direkt neben der Protzlimousine. Die Seitenscheibe des Beifahrers geht runter, als wolle der nur mal eben nach dem Weg fragen. Stattdessen fallen fünf Schüsse aus einer Pistole. Der Fahrer des Bentley sackt lebensgefährlich getroffen in Kopf und Oberkörper hinter dem Steuer zusammen. Statt in der HafenCity landet er im Rollstuhl. Die Ärzte im Krankenhaus retten zwar sein Leben. Aber es wird fortan das eines Querschnittgelähmten sein.

Die nächtlichen Schüsse am 27. August 2018 werden gut zwei Jahre später vor Gericht als Racheakt auf einen Boss der Hells Angels gewertet. Der Schütze ist ein junger Bulgare und geständig. »Ich habe gezielt auf seine Schulter und dann fünfmal geschossen«, sagt er vor Gericht aus[1]. Und dass er von einem ehemaligen Rocker der verfeindeten »Mongols« aus dem Gefängnis heraus für 10 000 Euro angeheuert worden sei: »Aus Rache und zur Wiederherstellung seiner Ehre«.

VERBOT DURCH DAS BUNDESVERWALTUNGSGERICHT. Beobachter, die in den Tagen des Prozesses die aktuelle Berichterstattung verfolgen, reiben sich die Augen. Nicht so sehr wegen der Kaltblütigkeit des Killers oder des Motivs seines Auftraggebers. Es ist vielmehr das Opfer. Der damals 38-Jährige Dariusz gilt als Anführer einer berüchtigten Rockergang, die es eigentlich gar nicht mehr gibt. Oder besser: nicht mehr geben darf. Denn die gefürchteten »Hells Angels« sind in Hamburg seit der finalen Bestätigung durch das Bundesverwaltungsgericht 1988 verboten. Ebenso das Tragen oder Zeigen ihrer Symbole. Und tatsächlich ist es still geworden um die Bande auf ihren dicken Motorrädern. Dariusz mutet für unbedarfte Beobachter an wie eine Art Wiedergänger aus einer anderen Zeit.

Der Hamburger Ableger der Hells Angels ist 1973 der erste in Deutschland und wird später wohl auch zur einflussreichsten Filiale der US-Rocker hierzulande. Ein Abgesandter der »Bloody Devils« ist dafür 1971 eigens nach Kalifornien gereist, um sich die offizielle Genehmigung zu holen. Das Hamburger »Charter«, wie sich die örtlichen Klubs nach ihren amerikanischen Vorbildern nennen, geht als »MC Germany« in die Geschichte der Rocker ein. Größer ging's nicht.

ORDNER DER ROLLING STONES. In Amerika gibt es die Höllenengel seit 1948. Sie nennen sich bei ihrer Gründung in Kalifornien nach einer US-Bomberstaffel. Erstmals in die Schlagzeilen geraten sie 1969 als Ordner auf einem Konzert der Rolling Stones auf dem Rockfestival im kalifornischen Altamont. Statt der erwarteten 80 000 Besucher sind es am Ende 300 000, die kommen. Von Alkohol und Drogen aufgeputscht, prügeln Mitglieder der Hells Angels zum Teil wahllos auf Zuschauer und Musiker ein[2]. Es gibt Verletzte. Und einen Toten. Ein 18-jähriger Afroamerikaner wird von einem Hells-Angel-Ordner mit fünf Messerstichen in den Rücken getötet, als Mick Jagger kaum 20 Meter entfernt auf der Bühne »Under my Thumb« singt. Angeblich soll der junge Zuschauer den Ordner mit einer Schusswaffe bedroht haben, der Täter wird freigesprochen.

In Hamburg etabliert sich der deutsche Ableger ganz sittsam und ordentlich als steuerbegünstigter »e. V.« –»eingetragener Verein«. Als Vereinsziel wird angegeben: »Pflege des Zweiradsports nach Grundsätzen der Freiwilligkeit und Solidarität«[3]. Der Verein ist streng hierarchisch gegliedert, hat einen Präsidenten, Vorstand und Kassenwart. Das Vereinslokal ist das »Angels Place« im schon damals beliebten Schanzenviertel, das an St. Pauli angrenzt. Ihre Markenzeichen sind die schweren Motorräder von Harley Davidson und Kutten aus Jeansstoff oder Leder, denen auf dem Rücken neben dem Schriftzug ein Totenkopfsymbol mit Motorradhelm und ausgebreiteten Flügeln prangt. Die Mitglieder nennen sich »Brüder«, sie verstehen sich als Outlaws und Subkultur. Sie folgen einem eigenen Ehrenkodex, ihre Losung ist »Einer für alle, alle für einen«.

Ein beschlagnahmtes Wappenschild mit Symbolen der verbotenen Hells Angels

MIT DER HARLEY BIS ZUR KÜCHE. Das »MC« im Namen steht für »Motorcycle Club«. Und ist eine schlichte Untertreibung. Schnell verbreiten die Hamburger Höllenengel Angst und Schrecken in Kneipen und Restaurants. Sexuelle Nötigung von weiblichen Gästen in Szenekneipen des Schanzenviertels ist ebenso an der Tagesordnung wie die Provokation von Restaurantgästen. Einmal fährt ein führender Hells Angel auf seiner Harley über den Fußweg mitten hinein in die beliebte Kultkneipe »Pickenpack« und durch den Gastraum bis zur Küche. Ein anderes Mal kotzt einer der Rocker auf den Tresen. Dann wieder wird Gästen ihr Essen vom Teller genommen und durch den Raum geworfen. Wenn ein Wirt solche Ausschreitungen verhindern will muss er als »Wegbleibegebühr« bis zu 10 000 Mark zahlen.

Bald steigen die Höllenengel ins Geschäft mit der Prostitution ein. Sie beteiligen sich an kleinen Puffs und größeren Bordellen. Schnell summiert sich ihr Strafregister. Die Liste der Anzeigen umfasst das gesamte Spektrum der szenetypischen Rotlichtkriminalität von Schutzgelderpressung und Menschenhandel bis zu Nötigung, Freiheitsberaubung oder Drogenhandel. 1980 sollen sie mitverantwortlich für den Tod eines Discobetreibers auf Sylt sein.

STURM AUF DIE VORSTANDSSITZUNG. Dem Hamburger Senat platzt 1983 der Kragen. Die »Tagesschau« ist gerade zu Ende, als am 11. August 1983 hunderte Polizisten das »Angels Place« umstellen und stürmen. Dutzende schwere Harleys versperren draußen Straße und Fußweg. Drinnen hocken 200 Höllenengel zur turnusmäßigen »Vorstandssitzung«. Über den Dächern des Viertels kreisen Hubschrauber. Insgesamt sind 500 Polizeibeamte im Einsatz, die neben dem Vereinslokal noch rund 80 weitere Kneipen, Bordelle und Privatwohnungen stürmen, zum Teil auch jenseits der Stadtgrenze. 24 zumeist führende Mitglieder der Hells Angels werden verhaftet, 13 kommen wegen räuberischer Erpressung, Zuhälterei oder Bildung einer kriminellen Vereinigung vor Gericht. Aber nur sechs von ihnen werden zu Haftstrafen verurteilt: Zwischen zwei Jahren elf Monaten und sieben Jahren. Ein krasser Widerspruch zum Aufwand, kritisieren Medien. Der größte juristische Erfolg der Staatsaktion ist wohl das Verbot der Rocker – zumindest für eine gewisse Zeit.

UNTER DEM ÖFFENTLICHEN RADAR. Denn inzwischen sind die Hells Angels längst wieder aktiv. Dafür sorgen ihre Freunde im Geiste. Die »Bones« aus Hannover wechseln die Seiten und geben ihre Rolle als einer der mächtigsten eigenständigen Rockerklubs der Republik auf. Sie fusionieren mit dem »MC Germany« und übernehmen die Geschäfte in Hamburgs Großbordellen. Und auch sonst. Die neuen »Charter« heißen ab 2005 nun »Harbour City« und ab 2011 auch noch »South Port«. Aber die segeln fortan mehr unterhalb des öffentlichen Radars. Und ihre Geschäftsgebaren haben sich zum Teil grundlegend geändert.

Ihre Hauptaktivitäten sind immer noch auf das Rotlichtmilieu mit Bars und Klubs konzentriert, die Ermittler sprechen aber von »überwiegend« legalen Geschäften[4]. Illegale Deals haben sich zudem in andere Geschäftsbereiche verlagert, wie zum Beispiel den Handel mit gestohlenen Autoteilen. Kutten mit Hells-Angels-Symbolen werden nicht offen zur Schau getragen. Auch die Präsenz der Harleys auf dem Kiez ist drastisch zurückgegangen. Es scheint, als sind die

↑ Verbotene Kutte der Hells Angels Hamburg
↓ Rolling-Stones-Konzert in Altamont 1969

Höllenengel in ihrer neuen Rolle als Wiedergänger bürgerlicher geworden.

MONGOLS UND BANDIDOS. Das gilt allerdings nicht für die neuen Bandenkriege um Macht und Einfluss auf dem Kiez. Gerade mit den Widersachern der »Mongols« oder den »Bandidos«. Im Gegenteil: Die sind gewalttätiger und brutaler geworden. Der Anschlag auf den »Bentley« ist nur ein Beispiel. Fahnder sprechen von einem »unsichtbaren Rockerproblem«. Wenn man es sieht, ist Blut bereits geflossen.

---

1) DIE WELT vom 15. April 2020;

2) WDR 2 »Stichtag« vom 6. Dezember 2019;

3) Schweriner Volkszeitung vom 12. Februar 2016;

4) Schweriner Volkszeitung ebenda

DANKSAGUNG

Die besten Zeugen eines Mordes oder Tötungsdeliktes sind die Leichen, so sagte es mir einmal der langjährige Leiter einer Mordkommission. Die zweitbesten sind dann wohl die Tatorte selbst. Was die erzählen und was amtliche Spurensucher dort protokollieren. Denn um Orte des Verbrechens und ihre Geschichten zu lesen und vor allem auch zu verstehen, braucht es seriöse Quellen und wahrhaftige Informationen. Lieber zu viele als zu wenig. Das gilt nicht nur für Ermittler, sondern auch für Chronisten, die solche Geschichten und ihre Hintergründe zusammentragen und aufschreiben. Wir sind in diesen Momenten im besten Sinne ebenfalls Spurensicherer, so wie wir sie auf Seiten der Ermittler – ob in Krimis oder „in echt" – durch die amtliche Spurensicherung erleben.

Mein ganz besonderer Dank gilt in diesem Zusammenhang deshalb einigen Dienststellen und ihren Mitarbeitern und Mitarbeiterinnen, die sich nimmermüde meinen Fragen gestellt haben, obwohl sie auch ohne die schon genug zu tun hatten: Dem Polizeimuseum Hamburg mit Frank Wiegand zum Beispiel, der sich mit großer Geduld und Ausdauer meiner nie endenden Neugier aussetzte; Stephan Meyns von der Zollfahndung Hamburg, der wegen des Krieges in der Ukraine und der Sanktionen gegen Putin eigentlich ganz anderes zu tun hatte. Dem Staatsarchiv Hamburg mit Falk Wangemann, der mit seinen Kolleginnen unbürokratisch half; dem SPIEGEL und seiner Bilddokumentation, die wie selbstverständlich Unterstützung leistete; der Fotografin Maria Feck für ihren uneigennützigen Beitrag und ihrem Kollegen Dietmar Hasenpusch, der als „Shipspotter" aushalf. Und Hans-Jürgen Schirmer von kulturkarte.de, der wieder mal sein Fotoarchiv für mich durchstöberte, sowie Christiane Schneider von der Linken.

Großes Dankeschön auch der Polizeidirektion Lüneburg, den Verkehrsbetrieben Hamburg-Holstein, den Studenten von luenepedia.de, den Kolleginnen vom NDR oder der Stiftung Hamburger Gedenkstätten. Auch der Hamburger Kulturbehörde und dem Museum für Hamburgische Geschichte sowie der Kunsthalle und Guntram Turkowski von der „Stiftung Schleswig-Holsteinische Landesmuseen Schloss Gottorf". Und nicht zuletzt Véronique Elling, die trotz Trauer und Schmerz ihr privates Fotoalbum für dieses Buch öffnete.

Die Geschichten über Orte von Verbrechen können Hintergründe beleuchten, im besten Fall auch Anstöße für neue Informationen oder sogar neue Ermittlungsansätze geben. Aber sie reißen im Einzelfall auch alte Wunden auf. Ich bitte dafür alle Betroffenen oder Hinterbliebenen um Nachsicht.

BILDNACHWEIS

Manfred Ertel: 2, 6, 10, 13 (re. oben), 24, 26, 27 (re. oben und unten), 31 (o.), 34, 46, 55, 56,57 (o. re. u. li.), 63 (o.), 63 (u.), 64, 65, 66, 67, 68, 70, 71, 72, 76, 82, 84, 87 (alle), 89 (li. o.), 90, 98, 110, 112, 114, 115, 116, 120, 122, 123, 129, 130, 133, 134, 137, 141, 144, 152, 156, 157 (o.)

dpa/Picture-Alliance: 10, 13 (li.), 20, 28, 31 (2., 3. u. 4. v. oben), 32, 36, 38, 42, 45, 47, 50 (o. und u.), 51 (o.), 51 (re. unten), 53, 60, 73, 74, 75, 77, 79 (li. und re.), 106 (li. und re.), 109, 125, 142, 146, 149, 150, 151, 154, 157 (u.)

SPIEGEL-Verlag: 38 (r. oben u. unten), 41,49, 51 (li. unten), 89 oben u. unten, 99, 101, 128,

Polizeimuseum Hamburg: 11, 13 (re. unten), 15 (li.) 16, 17, 18, 19, 35, 37 (alle), 59, 80, 83, 105 (o.), 108, 118, 121, 138,

Staatsarchiv Hamburg: 27 (li. oben), 102, 104, 105 (u.),

Stiftung Schleswig-Holsteinische Landesmuseen Schloss Gottorf: 23 (alle)

Zollfahndung Hamburg: 44 (alle)

Polizeidirektion Lüneburg: 92 (o.), 93 (u.), 95, 96

Hamburger Morgenpost: 147

Dietmar Hasenpusch Foto: 43

Maria Feck/represented by laif: 85

Hans-Jürgen Schirmer/Kulturkarte.de: 125

NDR – Norddeutscher Rundfunk: 91, 92 (u.), 97

HSV Hamburger Sport-Verein: 153

Christiane Schneider: 5, 134

Veronique Elling/C.R. Meyer: 143

Veronique Elling privat: 145

IMPRESSUM

Verantwortlich: Stefanie Krüger, Claudia Hohdorf
Redaktion: Susanne Maute
Korrektorat: Ralf J. Klumb | The Wordworms
Satz: mcp concept GmbH
Covergestaltung: Mathias Frisch
Repro: LUDWIG:media
Herstellung: Anna Katavic
Printed in Slovenia by Florjancic

Sind Sie mit diesem Titel zufrieden? Dann würden wir uns über Ihre Weiterempfehlung freuen.
Erzählen Sie es im Freundeskreis, berichten Sie Ihrem Buchhändler, oder bewerten Sie bei Onlinekauf. Und wenn Sie Kritik, Korrekturen, Aktualisierungen haben, freuen wir uns über Ihre Nachricht an **Sutton Verlag, Postfach 40 02 09, D-80702 München** oder per E-Mail an lektorat@verlagshaus.de.

Unser komplettes Programm finden Sie unter www.suttonverlag.de

Umschlagvorderseite: Wohnhaus des Frauenmörders Honka (Kapitel 6; Manfred Ertel)
Umschlaginnenseite vorne: Davidswache an der Reeperbahn (lookphotos/Ingolf Pompe)

Die Deutsche Nationalbibliothek verzeichnet diese Publikation in der Deutschen Nationalbibliografie; detaillierte bibliografische Daten sind im Internet über https://dnb.d-nb.de abrufbar.

ISBN: 978-3-96303-396-4